Evi Laurich
Pfeile des Lichts

Pfeile des Lichts

Das Wissen über Mineralwesen, Heilsteine und ihre Kräfte

Erfahrungen auf dem Weg des Schamanen
Evi Laurich

Ansata-Verlag
Paul A. Zemp
Rosenstraße 24
CH-3800 Interlaken
Schweiz
1989

Deutsche Erstveröffentlichung

Copyright © 1989 by Ansata-Verlag, Interlaken
Alle Rechte vorbehalten
Lektorat: Urte Knefeli
Umschlagbild: Robert Wicki
Illustrationen im Text: Evi Laurich
Satz: Jung SatzCentrum, Lahnau
Druck: Kösel GmbH & Co., Kempten/Allgäu
ISBN 3-7157-0128-5

Inhalt

Vorwort von Prof. Michael Harner 8

EINLEITUNG
Erste Begegnungen mit schamanischem Wissen
    Reise nach Sri Lanka 11
    Die steckengebliebene Gräte 13
    Die Suche nach einem Lehrer 16
    Die Wesen am Wildbach 19
    Eine Aufgabe 22

1. TEIL
Auf dem Weg des reinen Herzens
    Die eigene Unwichtigkeit erkennen 26
    Das Seelenboot 31
    Den Körper verlieren 35
    Visionstanz 40
    Watange 48
    Die Heilige Pfeife 60
    Pfeile des Lichts 63
    Nicht alles, was glänzt, ist Licht 65
    Der Unfall 71
    Kämpfen wie ein Krieger 75
    Der Zauberstab 81

2. Teil
Mineralien – die schleichenden Krieger

Helfer aus der nichtalltäglichen Wirklichkeit	86
Achat (gelber) – Stein des Lichts	89
Adventurin – Der Zauberstein	92
Amethyst – Darin sich Zwerge tarnen	95
Aquamarin – Stein der Wahrheit und Klarheit	97
Bergkristall – Hüter aller Geheimnisse	99
Chalcedon – Stein des Wetters	103
Chrysokoll – Stein des Herzens	104
Citrin – Stein für Liebende	108
Fluorit – Handel um Wissen	110
Hämatit – Stein des Kampfes	111
Heliotrop – Mittler zu Bäumen und Steinen	115
Jaspis – Stein der Verwirrung	116
Karneol – Zeigt Wasserkraft und Strahlung an	118
Lapislazuli – Stein der Macht	120
Mondstein – Stein der Nacht, des Dunklen	122
Obsidian – Verbindung zu Schutzerdgeistern aus der Unteren Welt	124
Onyx – Verbindung zu Feuer	128
Pyrit – Macht der Zerstörung	130
Rauchquarz – Für klares, weites Sehen in der anderen Realität	132
Rosenquarz – Verbindung zu Wasserwesen	134
Rubin – Gottheit der Machtspiele	138
Sodalith – Stein zur Auflösung karmisch bedingter Störungen	140
Sternsaphir (schwarzer) – Stein der Reinheit, Ruhe, des Friedens und Glücks	143
Sugilith – Vermittler von Wissen aus den Tiefen des Meeres	146
Tigerauge – Brücke zur oberen Welt	147
Türkis – Ein lebenslanger Begleiter und Beschützer	149
Turmalin – Spiegel der Seele	151

ANHANG:
Beispiele aus meiner Arbeit
  Eine Körperdiagnose nach dem
  Watange-System: Warum kann Laura nicht sprechen? . . . 154
  Reise zu einem Gesundheitsverbündeten:
  Wie kann bei multipler Sklerose geholfen werden?. 157
  Mineralreise zum Hüter des Rubins in der Unteren Welt. . 163
  Mineralreise zum Granat 166
  Ausblick. 167

Vorwort

In Eva Laurich haben wir eine moderne Schamanin, eine der vielen, die heutzutage phönixartig aus der Asche der zerstörten Kulturen aufsteigen, um uns wieder mit der Natur, mit uns selbst und mit den nichtalltäglichen Wissensquellen und Hilfen in Verbindung zu bringen.

Der Pfad des Schamanen ist ein Weg des Wissens: eine Art des Wissens, welches direkt durch Lehrer, Krafttiere und andere Quellen der nichtalltäglichen Wirklichkeit erlangt wird, einer normal nicht sichtbaren Wirklichkeit, die unser tägliches Leben umgibt, so wie ein Ozean eine kleine Insel umschließt. Wie Eva Laurich anmerkt, begann sie sich praktisch mit Schamanismus zu befassen, nachdem sie mein Buch The Way Of The Shaman (dtsch.: Der Weg des Schamanen) gelesen hatte. Als sie anschließend meine Seminare besuchte, beeindruckte sie mich sehr schnell mit ihrer Fähigkeit, schamanische Praktiken zu erfassen und auszuführen.

Unter anderem lernte sie das Reisen in die Oberen und Unteren Welten, wohl das herausragendste Merkmal des Schamanismus. Sie lernte auch den Visionstanz auszuführen (Geistertanz oder Traumtanz in Englisch), eine fast verschwundene Methode der nordamerikanischen Indianer, Ahnen aufzusuchen, um sich verlorengegangene Rituale zeigen zu lassen und sie für den heutigen Gebrauch zurückzubringen.

Auf den folgenden Seiten beschreibt sie die Resultate einiger dieser Erfahrungen. Mit solchem Grundwissen ausgerüstet, begann Eva Laurich, was Schamanen seit Urzeiten getan haben: Sie führte ihre Studien in der nichtalltäglichen Wirklichkeit mit nichtalltäglichen Lehrern fort – den klassischen, absoluten Lehrern des Schamanen. Hierbei sammelte sie direktes, geheimes Wissen: Wissen, das in früheren Zeiten dem Stamm beim Überleben half. Es konnte sich um Wissen über den heilenden Gebrauch von Pflanzen handeln oder über den Standort von Wild, das als Nahrung diente, oder um Orientierungshilfen bei Fragen des täglichen Lebens; es konnte auch Wissen über alles mögliche sein.

Ihr Buch ist ein Zeugnis für die Kraft dieses geheimen Wissens und für die Gültigkeit des schamanischen Weges. Mit praktisch keinerlei Vorkenntnissen über Mineralien brachte sie detaillierte Informationen über ihr Wesen und ihre gesundheitlichen Wirkungen aus der nichtalltäglichen Realität zurück – durch die Anwendung schamanischer Methoden. Wie mir mitgeteilt wurde, decken sich diese Informationen mit alten traditionellen Quellen mineralogischen Wissens.

Dies wird keinen verwundern, der sich ernsthaft mit Schamanismus befaßt. Aber für andere, die verständlicherweise skeptisch sind, mögen ihre Aussagen außerhalb der Glaubwürdigkeit liegen. Diesen Personen rate ich: Probieren Sie selbst die Grundmethoden des Schamanismus aus, und gelangen Sie zu Ihren eigenen Schlüssen. Diese Methoden waren Ihren Vorfahren nicht unbekannt und sind auch Ihnen nicht fremd, sie sind Teil Ihres Potentials. Der Weg des Schamanen ist ebenso wie der des Wissenschaftlers (der in Europa, historisch gesehen, vom Schamanen bis zum Alchemisten reicht) ein Weg des Experimentierens.

Evas Buch kann als Lichtblick gesehen werden, das den Leser einlädt, dem altertümlichen Weg des Schamanen zu folgen. Wenn der Pfad in der nichtalltäglichen Wirklichkeit einmal begonnen hat, können die Erfahrungen für jeden Reisenden verschieden sein, und jeder Schamane lernt dabei seine eigene, besondere Arbeitsmethode.

Eva teilt großzügigerweise ihre speziellen Kenntnisse mit uns und dokumentiert damit die Wiederkehr des Schamanismus im modernen Europa. Ich betrachte Evas Buch als ein wunderbares Beispiel dafür, was jedem von uns möglich ist, wenn wir die schamanischen Grundmethoden unserer Vorfahren anwenden, um aus unserer Trance, die wir Zivilisation nennen, aufzuwachen und unsere eigenen, besonderen Fähigkeiten zu entdecken.

Prof. Michael Harner

Einleitung

Erste Begegnungen mit schamanischem Wissen

Diese Einleitung schildert die Erlebnisse, die mich auf den Weg des Schamanen und zum Wissen über Mineralien führten.

Reise nach Sri Lanka

Anfang 1975 entschlossen sich mein Mann Gerold und ich, unserem gewohnten Alltag für einige Zeit den Rücken zu kehren. Wir planten eine längere Reise nach Sri Lanka, dem früheren Ceylon. Kurze Zeit später war es dann soweit. Damals, im Sommer 1975, war auf der Insel von Tourismus so gut wie nichts zu spüren, und wir konnten ganz in eine uns bislang völlig fremde Kultur eintauchen. Diese Umstellung fiel mir besonders schwer: Ich, doch an einen gewissen Komfort gewöhnt, sollte nun plötzlich auf alles verzichten. Nur mit Rucksäcken bepackt, darin das Nötigste für den täglichen Bedarf, wollten wir am Leben der einfachen einheimischen Bevölkerung teilnehmen. Unser erster Aufenthaltsort war ein kleines Fischerdorf, in dem wir als einzige Weiße bald zum täglichen Dorfbild gehörten.

Unser Bemühen, die wichtigsten Grundkenntnisse in der Landessprache Singhalesisch von den Einwohnern zu erlernen, stärkte das gegenseitige Vertrauen enorm und öffnete uns viele Türen. So wurde Gerold mehr mit den Tätigkeiten der Männer bekannt, wie dem Fischfang, ich hingegen mit den Tätigkeiten der Frauen, wie dem Batiken. Das Batiken trug nicht unerheblich zum bescheidenen Wohlstand des Dorfes bei. Andere interessante

Tätigkeiten wie das Schürfen von Edelsteinen, der Anbau und die Ernte der Früchte und vieles mehr wurden uns nicht ohne Stolz gezeigt. Wir wurden allen wichtigen Persönlichkeiten vorgestellt, so auch dem Zauberer. Von ihm erhielten wir im Tausch gegen ein T-Shirt speziell gefertigte Halsketten zum Schutz vor Krankheit und bösen Geistern. Ich fand diese Ketten nicht gerade anziehend, doch aus Respekt vor diesem grauhaarigen, zahnlosen Mann trugen wir sie während unseres gesamten Aufenthalts im Dorf. Zudem war es eine Ehre, sie zu tragen, und als Schutz in einem fremden Land konnte es doch nur nützlich sein.

Eines Tages wurden wir von Freunden eingeladen, einem Heilungsritual in einer einfachen Hütte am Rande des Dorfes beizuwohnen. Bei Einbruch der Nacht fanden wir uns dort ein. Viele Menschen waren bereits versammelt. In einem abgetrennten, jedoch sichtbaren Teil des Raumes kauerte am Boden ein junger Mann, mit weißen Tüchern bedeckt. Nachdem wir unseren zugewiesenen Platz eingenommen hatten, erklärte uns ein Anwesender, daß der junge Mann von eigenartigen Anfällen geplagt sei, die sich in einem unkontrollierbaren Schütteln des Körpers äußerten. Der Medizinmann hatte herausgefunden, daß ein Geist von dem jungen Mann Besitz ergriffen hatte. Diesen Geist aus dem Körper zu locken war das Anliegen des Medizinmannes. Auf Einladung der Familie des Erkrankten waren wir hier nun alle anwesend, um den Medizinmann bei seinem Vorhaben zu unterstützen. Unsere Aufgabe bestand nur in unserer Anwesenheit.

Der Medizinmann, ein alter, freundlicher Mann, nur mit Sarong bekleidet, hatte den nackten Oberkörper mit vielen eigenartigen Gegenständen behangen, mit denen ich nichts anzufangen wußte. Sie waren irgendwie alle miteinander verbunden. Der alte Mann begann mit leiser Stimme zu singen. Dabei bewegte er in rhythmischer Folge einen mit Federn reichlich verzierten Gegenstand, mit dem er über den Körper des Erkrankten strich. Der Gegenstand war aufgrund des schwachen Kerzenlichts nicht genau zu erkennen.

Nach einiger Zeit veränderte sich der Gesang vollkommen, und ein Helfer erschien mit einem wunderschönen Hahn, den er dem Medizinmann reichte. Dieser ergriff das Tier mit einer Hand am Hals und strich mit ihm langsam über den Körper des Kranken. Der Vorgang wiederholte sich einige Male. Mit Befehlston in der Stimme schien sich der Medizinmann mit jemandem Unsichtbaren zu unterhalten. Die Situation war für mich sehr befremdend, und ich fühlte mich unbehaglich, ja, mir war direkt unheimlich. Ich dachte bei mir, solche Einladungen künftig doch abzulehnen. Aus diesen Überlegungen wurde ich jäh gerissen, als der Gesang plötzlich verstummte. Der Medizinmann hielt nun ein sichelförmiges Messer in der Hand, sprach unverständliche Worte und schnitt dem Hahn den Kopf ab. Den Hahn nunmehr an den Beinen gefaßt, sprenkelte der Medizinmann dessen Blut auf den Boden, für alle Anwesenden sichtbar. Meine Knie wurden weich, und mein Magen schien sich förmlich umzudrehen. Der Medizinmann lächelte zufrieden, auch die Anwesenden schienen erleichtert. Das Ritual schien beendet zu sein, denn alle Anwesenden unterhielten sich nun angeregt, während Tee und Kokosnußzucker gereicht wurden.

Dieses erste Erlebnis mit einem Medizinmann und die im Grunde unverstandenen Vorgänge beschäftigten mich noch viele Wochen.

Die steckengebliebene Gräte

Unser Interesse für die längst vergangene Kultur des Landes führte uns nach Sigirya. Dieser Ort, mitten im Dschungel gelegen, war nur jeden zweiten Tag mit dem Bus zu erreichen. Unterkunft fanden wir hier im «archäologischen Bungalow», der, falls er nicht gerade belegt war, auch an Nicht-Archäologen wie uns vergeben wurde. Im Vergleich zu dem bisherigen Treiben früherer Orte wohnten wir hier in absoluter Ruhe und paradiesischer Umgebung. Sam, der Betreuer des Bungalows, und sein Helfer taten alles, um uns den Aufenthalt so angenehm wie nur möglich zu gestalten. Die Kochkünste der beiden waren als exzellent bekannt, und so freuten wir uns auf das Essen. Es gab Fisch aus dem nahen See.

Ich aß wohl etwas zu hastig, denn eine große Gräte steckte plötzlich in meinem Hals, die weder runter zu bekommen war noch rauf. Gerolds Rat, große Stücke Brot hinunterzuschlucken, half ebenso wenig wie Sams Rat mit den Bananenstückchen. Mit Fingern und mitgeführter Pinzette war der Gräte auch nicht beizukommen. Deutlich spürte ich, wie mein Hals innen mehr und mehr anschwoll. Mit weit geöffnetem Mund saß ich nun da, bemühte mich, ruhig zu atmen, und war völlig ratlos. Ein Hospital zu erreichen war nicht vor zwei Tagen möglich. Diese Situation vor Augen ließ in mir Todesängste aufkommen. Mein Weinen verstärkte die Atemnot, und ich glich einem Fisch auf dem Trokkenen.

Sam hatte wohl den Ernst der Lage erkannt, denn er sagte nun, daß es im Dorf doch einen *local doctor,* einen einheimischen Arzt, gäbe. Auf unser dringendes Bitten machte er sich umgehend auf den Weg zu ihm. In Gedanken sah ich bereits den Arzt im weißen Kittel und mit Arztkoffer vor mir stehen. Die Zeit schien stillzustehen, bis endlich Schritte und Stimmen draußen zu hören waren. Die ersehnte Hilfe, der *local doctor,* kam. Strahlend trat Sam mit einem Mann mittleren Alters ins Haus, doch dieser hatte weder Kittel noch Arztköfferchen; er war lediglich mit einem weißen Sarong bekleidet. Das wird sicher der Helfer des Arztes sein, ging es mir durch den Kopf. Doch umgehend wurden meine Gedanken berichtigt: «That is the local doctor» – das ist der einheimische Arzt –, sagte Sam. Langsam verdeutlichte sich in mir der Begriff «einheimischer Arzt».

Alle meine Hoffnungen und Erwartungen schwanden beim Anblick dieses Mannes. Doch der «Doktor» ließ mir keine Zeit zum Denken oder Überlegen, er begutachtete meinen Hals von allen Seiten, wobei er sich auf Singhalesisch mit Sam unterhielt. Ganz plötzlich verschwanden beide aus dem Raum – doch nicht für lange. Sam erschien mit einem Glas Wasser wieder, der Doktor mit einer frischen, kleinen, strauchähnlichen Pflanze. Der Doktor blieb vor mir stehen und fing an, mit dem kleinen Strauch im Wasserglas zu rühren. Dabei murmelte er monoton mir unverständliche Worte vor sich hin.

Mein Gott, dachte ich, ein Verrückter, ich bin am Ersticken und er rührt in einem Glas Wasser. Warum macht er denn nichts? Diese und unzählige Gedanken zogen blitzschnell durch meinen Kopf, Erlebtes raste wie im Film an mir vorüber. Das monotone Murmeln wurde plötzlich von anderen, unverständlichen Lauten abgelöst, und ich fühlte an meinem Hals eine feuchte Berührung mit einem festen Gegenstand. Es war die Pflanze, mit welcher der Doktor meinen Hals berührte und von oben nach unten strich. Dieser Vorgang wiederholte sich viele Male. Dann verstummte er und deutete mir an, das Glas Wasser langsam zu trinken. Mit kleinen Schlückchen leerte ich das Glas, jedes Schlückchen eine Qual. Dann nahm mich der Doktor in Augenschein, strahlte, sprach etwas zu Sam und verschwand. «Bone down» – Gräte unten –, übersetzte nun Sam ebenfalls strahlend, wünschte gute Nacht und gute Besserung und verschwand auch. Gerold und ich waren wie gelähmt!

Der Schmerz war da, die Schwellung war da, die Atemnot war da und die Gräte? Wohl aufgrund der Schwellung war gar nichts mehr zu erfühlen – alles schmerzte. Starke Schmerztabletten aus unserer Reiseapotheke, in Wasser aufgelöst und eingenommen, beruhigten mich anscheinend, denn ich schlief ein.

Am späten Vormittag des nächsten Tages erwachte ich mit Schluckbeschwerden, jedoch ohne Gräte im Hals. Der Medizinmann oder einheimische Doktor hatte mir geholfen, aber wie war das möglich?

Besonders dieses Erlebnis, aber auch das vorher beschriebene, hatten in mir etwas verändert. Ich war neugierig geworden. Die Neugierde steigerte sich mehr und mehr, bis der Entschluß feststand, so viel es ging über Medizinmänner und Medizinfrauen in Erfahrung zu bringen und, wenn möglich, von ihnen zu lernen.

Die Suche nach einem Lehrer

Wieder zurück in Deutschland im Alltagsleben versuchte ich nun – ständig dieses Ziel vor Augen – Informationen aus Büchern zu erhalten. Diese Bücher schilderten die unglaublichsten Geschichten bzw. Begebenheiten, doch konnten sie mir nicht vermitteln, wie ich selbst solche Erfahrungen bewußt erleben könnte. Auch Schamanen, die ich kennenlernte, konnten mir mit ihren verschiedenen Systemen und Techniken nicht das nahebringen, wonach ich suchte.

Mit Freunden bemühte ich mich schon längere Zeit, den Übungen aus Michael Harners Buch *Der Weg des Schamanen* zu folgen, und ich glaubte, hier das zu spüren, wonach ich suchte. Deshalb meldete ich mich zu einem Workshop bei ihm an über «Die schamanische Reise».

Zu Beginn dieses Workshops erklärte Harner ein von ihm weiterentwickeltes System, das auch uns westlich denkenden Menschen die Möglichkeit zu «schamanischem Reisen und schamanischem Sehen»[1] gibt. Er bezeichnete die Welt, in der wir leben als die «Mittlere Welt», die, welche wir meist aus Märchen und Sagen kennen (mit Zwergen, Feen und anderen Wesen) als die «Untere Welt» und die wir Himmel nennen als die «Obere Welt».

Diese Begriffe schienen mir sehr verständlich und auch die Möglichkeit, unsere Mittlere Welt in einem «veränderten Be-

---

[1] Die schamanische Reise ist eine der wichtigsten vom Schamanen durchzuführenden Aufgaben. Die Grundform dieser Reise, meistens auch am leichtesten zu erlernen, ist die Reise in die Unterwelt. Um sie durchzuführen, hat der Schamane typischerweise ein besonderes Loch oder Tor in die Unterwelt. Dieser Eingang ist sowohl in der normalen als auch in der anormalen Wirklichkeit vorhanden (Harner, Michael: Der Weg des Schamanen, Interlaken 1982, S. 50).

wußtseinszustand»[1] zu verlassen, empfand ich keineswegs befremdend. Dieses Verlassen wird kurzum als «Reisen» bezeichnet. Natürlich bedarf es dazu gründlicher Vorbereitung; so ist es notwendig, für eine Reise in die Untere Welt[2] eine reale Öffnung in der Erde zu haben, z. B. einen Fuchsbau, eine Höhle, einen Brunnen oder ähnliches. Für eine Reise in die Obere Welt[3] wird ein Reise-Hilfsmittel benötigt, z. B. Rauch, Wind, Steckenpferd, Besen, Regenbogen oder ähnliches. Harner betonte, daß das Reisen bei Schamanen auf der ganzen Welt ziemlich gleich ist und zudem uralt. Die Veränderung des Bewußtseins wird durch monotones Trommeln oder Rasseln bewirkt[4].

Im Kreise der Teilnehmer fühlte ich mich von Anfang an sehr wohl, und ich hatte das Gefühl, als wären wir allesamt schon seit langem irgendwie miteinander verbunden. Wir übten, das Bewußtsein zu verändern und Reisen in die Obere und Untere Welt zu unternehmen. Bei allen Übungen hatte ich Erfolg, und das ließ riesige Freude in mir aufkommen.

Nach einigen Tagen stand die Suche nach dem «eigenen Lehrer»[5] an, der in der Oberen Welt zu finden ist. Schon bei den ersten Trommelschlägen schlug mein Herz wie rasend, und mein körperlicher Zustand veränderte sich. Die Trommel tönte laut und schien mich förmlich zu schieben. Als Reisehilfsmittel hatte ich

---

[1] Der Schamane hat besondere Techniken der Ekstase oder er ist Spezialist einer Trance, in der seine Seele den Körper verläßt und gen Himmel fliegt oder in die Unterwelt hinabsteigt (ebd. S. 45).

[2] Eingänge, Höhlen, Löcher, hohle Baumstümpfe, Quellen führen im allgemeinen hinunter in einen Tunnel oder ein Rohr, das den Schamanen zu einem Ausgang leitet, der sich in strahlende und wundervolle Landschaft öffnet (ebd. S. 51).

[3] Hohe Berge, Rauch, Regenbogen, Steckenpferd, Besen usw. sind einige der Hilfsmittel, um nach oben zu gelangen. In der Oberen Welt sind u. a. auch unsere Ahnen zu finden.

[4] Grundlegende Hilfsmittel zum Eintritt in den schamanischen Bewußtseinszustand sind Trommel und Rassel.

[5] Die eigentlichen Lehrer kennen die Seele des Suchenden, sie haben *wirkliches* Wissen. Sie sind in der Oberen Welt zu finden.

mich für den Rauch entschieden. Ich visualisierte einen mir gut bekannten Berg, sammelte dort Holz für eine Feuerstelle und entfachte das Feuer. Sehr dichter Rauch entstand, der sich spiralförmig nach oben drehte. Ich verspürte jede Bewegung in meinem Körper, war jedoch völlig schwerelos. Ich setzte mich auf den Rauch, der mich tatsächlich trug, und entfernte mich vom vertrauten Berg. Wie bei einem Steigflug wurde die Erde kleiner und kleiner. Der Rauch drehte sich immer schneller, und ich hatte den Eindruck, als würde auch noch der Wind von unten mithelfen, mein Aufwärtskommen zu beschleunigen.

Ich durchquerte unterschiedliche Wolkenmassen, bevor ich zu einer sehr festen Wolkenmasse kam, die ich mit einigem Kraftaufwand durchstieß. Eine gewaltige, massiv wirkende Holztür, die sehr alt aussah, jedoch in den Wolken verankert schien, war plötzlich vor mir. Über der Tür hing ein gotisches Kreuz. Unsicher, ob mein Verhalten richtig sei, öffnete ich vorsichtig diese Tür und betrat voller Respekt einen großen Raum, der zwar von keinen Mauern umgeben, aber trotzdem irgendwie umfriedet war. Sieben majestätisch aussehende Holzstühle, davon vier auf der linken Seite, drei auf der rechten, waren zu sehen, und im dritten Stuhl von links saß ein sehr beeindruckendes Wesen von menschlichem Aussehen.

Ich wußte sofort, daß dies mein Lehrer ist. Nach einiger Zeit des gegenseitigen Ansehens übergab er mir eine Schriftrolle mit mir fremden Schriftzeichen. Die gegenseitige Verständigung vollzog sich auf telepathischer Ebene. So gab ich ihm zu verstehen, daß ich die Schriftzeichen nicht lesen und verstehen könnte, worauf er die Rolle wieder an sich nahm. Er rollte sie noch mehr zusammen und benützte sie als eine Art Blasrohr, indem er die eine Öffnung gegen meine Stirn hielt und in die andere kräftig hineinblies. Mein Kopf dröhnte, und ich vernahm Töne, die ich nur annähernd mit dem Begriff «Sphärenklänge» erklären kann.

Zurück in dieser Realität erzählte ich in der Gruppe von meinem Erlebnis. Harner erklärte mir, daß ich mit diesem Vorgang Wissen übertragen bekommen hätte.

Von ähnlicher Bedeutung wie diese Reise waren auch die Reisen in die Untere Welt. Für diese Reisen wählte ich einen mir gut bekannten, verlassenen Fuchsbau als Eingang. In der Unteren Welt traf ich Wesen mit oftmals sehr befremdlichem Aussehen, die mich stets zu erwarten schienen und mich zu den verschiedensten Plätzen brachten.

Wie üblich erzählte ich Harner meine Erlebnisse, die sich doch oft erheblich von denen anderer Teilnehmer unterschieden. Auf meine Frage am Ende des Workshops, wie ich mit all diesen Erlebnissen umzugehen hätte, antwortete er nur mit: «Welcome to the club!» – Eine Antwort, die mich oft zum Grübeln brachte.

Die Wesen am Wildbach

Auf unserer Erde gibt es Plätze, die besonders kraftvoll sind. Sie liegen meist in unberührter Natur. Dort sind bestimmte Naturgeister und Wesen der «nichtalltäglichen Wirklichkeit»[1] zu finden. Es gibt eine Übung, bei der mit diesen Wesen bewußt Kontakt gesucht wird. Man muß dazu an solchen Plätzen allein von Sonnenuntergang bis Sonnenaufgang verweilen. Ich entschloß mich zu diesem Vorhaben in den Schweizer Bergen. Der gewählte Platz hatte zudem noch einen Wildbach, und ich konnte ziemlich sicher sein, in fast zweitausend Meter Höhe nachts keinem Menschen zu begegnen.

Mit gemischten Gefühlen packte ich nachmittags in meinen Rucksack verschiedene Gegenstände, die mir auf meinem bisherigen Weg als «Kraftobjekte»[2] gegeben wurden, sowie mein «Me-

---

[1] Der Schamane arbeitet in der nichtalltäglichen Wirklichkeit nur einen kleinen Teil seiner Zeit und das auch nur, wenn es erforderlich ist, um schamanische Aufgaben zu erfüllen – denn Schamanismus ist eine Teilzeitbeschäftigung. Er folgt den Regeln des Schamanismus, wenn er in dieser Aktivität eingespannt ist (Harner, a.a.O., S. 76).

[2] Jedes Ding kann ein Kraftobjekt sein. Die Macht eines Objektes hängt von seinem Besitzer, von dessen Wesen ab. (Vgl. Castaneda, Carlos: Die Lehren des Don Juan, Frankfurt 1973.)

dizinbündel»[1], das zu dieser Zeit noch recht bescheiden war. Schlafsack, Zigaretten, Feuerzeug und Rassel bildeten den Rest meiner Ausrüstung. Mit flauem Magen ließ ich mir von Gerold, der diesen Platz bereits kannte, den steilen, beschwerlichen Weg nach oben zeigen. An einer idyllischen, grasbewachsenen Erhebung unweit des Wildbachs war mein Lagerplatz. Das Dröhnen des Wassers übertönte alle anderen Geräusche. Gerold verabschiedete sich, und mir war klar, daß es nun kein Zurück mehr geben konnte, denn der Pfad war bei Dunkelheit nicht mehr zu finden.

Es fing früh an zu dunkeln, und ich saß mit dem Rücken zum Bach. Als sich nichts tat, wechselte ich zur Schlafstellung über, meine Füße zeigten dabei vom Bache weg. Ich versuchte zu schlafen, in der Hoffnung, daß es doch so ruhig bleiben möge. Lange lag ich noch wach da und sah in die Dunkelheit. Wie lange, weiß ich nicht, als plötzlich direkt hinter mir ein lautes Knacken zu hören war. Dies wiederholte sich immer wieder. Zuerst versuchte ich, das Geräusch zu ignorieren, da es jedoch immer näher kam, wollte ich den Verursacher sehen. So schnell ich konnte, setzte ich mich auf und blickte in die Richtung, aus der die Geräusche kamen. Ich konnte nichts sehen, obwohl sich meine Augen längst an das Dunkel gewöhnt hatten. Niemand war da! Hastig rauchte ich eine Zigarette und legte mich dann wieder in Schlafstellung. In dem Moment, als mein Kopf den Boden berührte, fing die gesamte Erde zu vibrieren an, es schien, als würde sich unter mir alles heben und senken. Ich versuchte mit meinen Gedanken diese Vorstellung abzustellen, aber es war nicht möglich, es war keine Vorstellung. Gleichzeitig vernahm ich Pferdegetrappel. Ganz deutlich hörte ich mehrere Pferde bergauf galoppieren. Für Augenblicke sah ich Pferdeschatten direkt an meiner Seite vorbeirasen.

Panische Angst überfiel mich. Ich band mir einen Schal um die Ohren und steckte meinen Kopf fast ganz unter den Rucksack. So

---

[1] In einem speziell für diesen Zweck gefertigten Beutel oder einer Tasche werden wichtige Gegenstände aufbewahrt. Meist sind dies Kraftobjekte.

ging es etwas besser. Um diese Situation noch mehr zu verbessern, rasselte ich. Doch das Gegenteil geschah, das Rasseln verstärkte alle Eindrücke. Ich fühlte das Feuerzeug in der anderen Hand und machte Licht.

Das Vibrieren und das Getrappel hörten schlagartig auf, und ich spürte, wie sich mein Körper wieder etwas lockerte. Kaum hatte ich mich wieder im Griff, ertönte vom Bach her ein neues Geräusch. Ich lenkte meine gesamte Aufmerksamkeit in diese Richtung und vernahm dann ganz deutlich ein tiefes «Heyaa». Dumpf und doch mächtig kam diese Stimme unaufhörlich näher, und dieses «Heyaa» drang immer öfter an mein Ohr. Mein Herz klopfte, als wollte es aus meinem Körper springen, Gänsehaut überzog mich vom Kopf bis zu den Zehen. Nun kam eine zweite Stimme hinzu, jedoch aus der entgegengesetzten Richtung. Beide Stimmen versuchten, sich mir mitzuteilen.

Ich mochte mir einreden, alles dies geschehe nur in meinem Kopf oder ich sei gar nicht auf dem Berg, es half alles nichts. Alle Hilfsmittel, alles, was ich je gelernt hatte, war hier nicht anwendbar. Das einzige, was mir einfiel, war, den Kopf unter dem Rucksack hervorzustecken, um Gewißheit über diese Vorgänge zu erhalten.

Den Rucksack schnellstens entfernt, sah ich nun zu meinem Entsetzen rechts und links von mir zwei riesige Wesen von nichtmenschlicher Gestalt. Ich konnte fast durch sie hindurchsehen. Ich geriet in Panik, schlüpfte aus dem Schlafsack und rannte, so schnell ich konnte, in die Richtung, aus der ich gekommen war. Ich drehte mich um und sah, daß diese Wesen mir folgten. Aus meinen Schritten wurden Riesensätze, und ich kam erst zum Stehen, als ich unten im Dorf angekommen war.

Erst viel später wurde mir bewußt, daß ich in stockfinsterer Nacht wohlbehalten vom Berg nach unten gelangt bin. Ich hatte in dieser Nacht etwas sehr Wichtiges gelernt, nämlich das «Sehen»[1].

---

[1] Der Schamane ist ein vorzüglicher Seher, der typisch in der Dunkelheit arbeitet oder mindestens mit bedeckten Augen, um klar zu sehen.

Ganz aufgeregt erzählte ich am nächsten Tag meine Erlebnisse Harner, der sich köstlich darüber amüsierte. Voller Ernst erklärte er mir aber, daß ich mit «Mächten» in Berührung gekommen sei. Ebenso ernst machte er mir nun auch klar, daß es für mich an der Zeit sei, mich zu entschließen, wie ich die mir geliehenen Kräfte anwenden möchte. Eine Entscheidung stand mir bevor!

Eine Aufgabe

Die Ausbildung durch meinen Lehrer in der Oberen Welt wurde immer umfangreicher, ebenso das Wissen, das ich von meinen «Verbündeten»[1] in der Unteren Welt erhielt. So wurde mir ein uraltes Heilungssystem anvertraut, durch dessen Anwendung es möglich ist, in einen menschlichen Körper (Schattenkörper) zu reisen und dort Störungen, Krankheiten oder allgemeine Veränderungen zu sehen. Störungen, die im Begriff sind, sich zu manifestieren, sind ebenfalls erkennbar. Des weiteren ist es möglich, einen entsprechenden «Gesundheitsverbündeten»[2] in der nichtalltäglichen Wirklichkeit zu finden, der Anweisungen geben kann, wie eine Krankheit vermieden werden kann oder – falls sie bereits eingetreten ist – wie eine Besserung oder gar eine Heilung des körperlichen Zustandes zu erreichen ist.

Als ich zu «Watange» keine Fragen mehr hatte, bekam ich von

Aus diesem Grunde sind die Schamanen meistens nachts tätig.
Schamanische Erleuchtung ist buchstäblich die Fähigkeit, die Dunkelheit zu erhellen, in jener Dunkelheit zu sehen, was andere nicht erkennen können (Harner, a. a. O., S. 47).

[1] Die Verbundenheit zwischen den Menschen und der Tierwelt ist eine Grundlage des Schamanismus, wobei der Schamane sein Wissen und seine Methoden dazu benutzt, um an der Kraft jener Welt teilzuhaben. Durch seinen Schutzgeist oder sein Krafttier wird der Schamane mit der Kraft der Tierwelt verbunden (ebd. S. 92).

[2] Ein Gesundheitsverbündeter ist ein Wesen in der Unteren Welt, das breitgefächertes Heilwissen besitzt.

meinem Lehrer in der Oberen Welt zu verstehen, daß es an der Zeit sei, mich von Michael Harner zu trennen. Vor ca. einem Jahr hatte ich das Angebot angenommen, in seinem Auftrag als Lehrbeauftragte des *Center for Shamanic Studies (USA)* Workshops zu geben. Dadurch hatte ich die Möglichkeit gehabt, den Teilnehmern das näherzubringen, was ich bereits selbst erfahren hatte. Aber nach meinem Lehrer würde die Fortsetzung dieser Verbindung mich in meinem Wachstum behindern; ich wäre gleich einem Adler mit gestutzten Schwingen oder gleich einem Baum, der im Frühjahr keine frischen Blätter mehr bringt. So gab ich meine Tätigkeit und den Titel Lehrbeauftragte zurück, der mir anfangs doch recht geschmeichelt hatte. Meine Ausbildung durch Harner in der Mittleren Welt hatte ungefähr fünf Jahre gedauert.

❈ ❈ ❈

Der Schamanismus hatte sich inzwischen einen festen Platz in meinem Alltagsleben geschaffen. Durch den häufigen Kontakt mit anderen Realitäten drängten sich Informationen von dort förmlich auf. So konnte ich von unseren Mitbewohnern, den Tieren, Pflanzen und Steinen, Antworten auf viele Fragen erhalten. Das erhaltene Wissen wollte ich auch anderen Menschen zugänglich machen, doch da ich nicht wußte wie, fragte ich meinen Lehren «oben» um Rat. Dieser zeigte mir als Antwort unsere Mutter Erde aus der Sicht der Oberen Welt. Sie sah erschreckend aus. Dunkel und grau – nur ab und zu flackerte es hell auf. Mein Lehrer überreichte mir nun Bogen, Köcher und drei leuchtende Pfeile und machte mir klar, daß dies Pfeile des Lichts seien, die verteilt werden müßten. So könnte ich meinen Teil zur Wiederherstellung des Gleichgewichts auf der Erde beitragen. Ein Pfeil stünde symbolisch für die mündliche Weitergabe meines erhaltenen Wissens, die beiden anderen für zwei Bücher.

Zuerst wußte ich nichts mit dem anzufangen, was mir mitgeteilt worden war. Dann wurde deutlich, daß wir, die Menschen, Ursache des Ungleichgewichts in der Natur sind. Warnungen, wie verpestete Luft, verunreinigtes Wasser, verseuchte Erde usw., wollen wir gar nicht wahrhaben und wenn, so lassen wir alles geschehen, während unsere Mitbewohner (Bäume, Pflanzen, Tiere) bereits sterben.

Es ist unsere Verpflichtung, den Menschen, die dies bewußt oder auch unbewußt dulden, entgegenzuwirken. Bei diesem Vorhaben sind wir keineswegs nur auf uns selbst gestellt; wir erhalten Unterstützung aus den anderen Realitäten. Diese Unterstützung beruht nicht darauf, zu zerstören, sondern sie hilft zu verändern. Wie z. B. durch Medizin ein Krankheitsverlauf beeinflußt werden kann, wird durch diese Unterstützung Einfluß auf das Bewußtsein der Menschen genommen. Das geschieht allmählich und schleichend und bewirkt doch Veränderung.

1. Teil
Auf dem Weg des reinen Herzens

Die eigene Unwichtigkeit erkennen

Viele Erlebnisse und die Erklärungen und Informationen meines Lehrers, sozusagen «Informationen aus erster Hand», brachten mich auf den «Weg des Kriegers» und lehrten und lehren mich noch immer, diesen *Weg des reinen Herzens* zu gehen.

Mein Lehrer, der mich durch seine äußere Erscheinung wie auch durch seine klaren, durchdringenden Augen sehr beeindruckte, machte mir schon sehr bald deutlich, daß ich für ihn eigentlich viel zu langsam und eher ungeschickt im Aufnehmen seiner Erklärungen wäre. Wohl deshalb verhielt er sich mir gegenüber stets mißgelaunt und sehr streng. Jeder Begegnung mit ihm sah ich immer mit gemischten Gefühlen entgegen. Nie wußte ich, welche Aufgaben mich erwarteten, noch welche Erklärungen ich erhalten würde. Viele seiner Erklärungen verstand ich zu diesem Zeitpunkt noch gar nicht.

Der Platz, wo ich ihn antreffen konnte, war immer der gleiche. Er befindet sich, wie beschrieben, in der Oberen Welt, und es scheinen sich dort noch weitere Wesenheiten, vielleicht Lehrer, aufzuhalten. Sieben majestätisch anmutende Holzstühle sind dort – davon vier auf der linken Seite und drei auf der rechten Seite. Meinen Lehrer bekomme ich immer im dritten Stuhl von links zu sehen. Seine körperliche Erscheinung war anfangs stets gleich, doch später begann er sich mir immer unterschiedlicher zu zeigen, besonders was die Größe anbetrifft.

Mein Verhalten in den ersten zwei Jahren ihm gegenüber kann ich durchaus als ängstlich bezeichnen. Lob in irgendeiner Art erhielt ich eigentlich nie. Vielmehr wurde in mir das Gefühl verstärkt, absolut begriffsstutzig, wenn nicht gar «blöd» zu sein.

Heute weiß ich, daß dieses Gefühl mit die wichtigste Lehre am Anfang dieses Weges für mich war. Ich mußte mir meiner Unwissenheit und Unwichtigkeit erst richtig bewußt werden. Ich glaube auch, daß es nur durch diese Erkenntnis möglich ist, *wirkliches* Wissen in sich aufzunehmen.

Besonders eingeprägt hat sich die Erfahrung, sich nicht wichtig nehmen zu dürfen, als ich Hilfe für einen kranken Menschen suchte. Wie in einem solchen Fall üblich, bat ich meine Krafttiere, die mich stets begleiten, mich dorthin zu bringen, wo ich Hilfe oder Heilung für diesen kranken Menschen finden könnte. Dieses Mal brachte mich der Weg zu einem wunderschönen, reißenden Fluß, der zu einer Grotte führte. In dieser Grotte warteten bereits zwei Wesen, die ich noch nie gesehen hatte. Sie geleiteten mich durch einen Tunnel immer tiefer nach unten, bis wir in einer tieferen Ebene der Unteren Welt angelangt waren. Schon am Ausgang des Tunnels sah ich in der Ferne die Umrisse eines riesigen palastähnlichen Gebäudes, das offensichtlich unser Ziel war. Die beiden Wesen, die wesentlich kleiner als ich waren, nahmen mich bei der Hand und führten mich dorthin. Meine Krafttiere folgten.

Vom Eingang des Gebäudes aus führten unendlich viele weiße Stufen nach oben. Seitlich davon waren riesige weiße Rundsäulen. Die Stufen gingen dann über in eine Art Korridor, dessen Boden einer spiegelglatten Eisplatte glich. Der Korridor wurde gesäumt von ebenso schönen Rundsäulen wie der Eingang. Er endete bei einer podestartigen Erhebung, die ganz aus weißem Marmor war. Die mich begleitenden Wesen hielten an und gaben mir zu verstehen, daß ich mich auf dieses Podest setzen und abwarten solle. Meine Krafttiere betraten diese Erhebung ebenfalls nicht, und so saß ich ganz allein auf diesem bühnenähnlichen, nach allen Seiten offenen Platz. Nach oben zum Dache hin war das Gebäude auch offen, und ich blickte hinauf wie in das Dunkel einer sternenlosen Nacht.

Nach einiger Zeit fühlte ich um mich herum eine mir fremde Energie. Fast zur gleichen Zeit sah ich neben mir den Schattenkörper der Person liegen, für die ich Hilfe erbeten hatte. Und nun geschah folgendes! Ein leuchtendes, sich spiralförmig drehendes

Gebilde, einem Horn ähnlich, kam von oben auf den neben mir liegenden Schattenkörper zu und bohrte sich in die Herzgegend. Ein zweites, ähnliches Gebilde näherte sich und bohrte sich in den Bereich des dritten Auges. Der gesamte Körper begann in einem weichen Gelbton zu leuchten. Ich fühlte förmlich, wie der Körper mit Energie angefüllt wurde. Wie lange dieser Vorgang dauerte, weiß ich nicht, denn die sich drehenden Gebilde waren plötzlich nicht mehr zu sehen. Es schien so, als ob die Versorgung des neben mir liegenden Körpers mit Energie beendet war, und mir kam der Gedanke, daß auch ich mit dieser Energie angefüllt werden möchte. Der Schattenkörper der behandelten Person war urplötzlich verschwunden, und so nahm ich dessen Position ein und erwartete die gleiche Aufladung. Doch ich fühlte weder diese Energie, noch spürte ich etwas ähnliches. Vielmehr erschien ein Wesen mit einem fratzenhaften Gesicht, das sich drohend dicht neben mich stellte. Nun bemerkte ich auch eine riesige Axt in seinen Händen. Die Absicht dieses Wesens zu erkennen bedurfte keiner weiteren Erklärung.

Voller Entsetzen sprang ich von der Plattform und rannte, so schnell ich nur konnte, zusammen mit meinen Krafttieren den Korridor zurück. Ich lief die weißen Marmorstufen hinab und verlangsamte mein Tempo erst, als der nötige Abstand geschaffen war. Nun wurde mir auch peinlichst klar, daß mein Verhalten völlig falsch gewesen war. Niemals hätte ich diese Hilfe, die nicht mir zugedacht war, für mich beanspruchen dürfen.

✳ ✳ ✳

Erfahrungen wie diese verhalfen mir, eine natürliche Einstellung zur *eigenen Wichtigkeit* zu entwickeln. Mein Lehrer gab mir – als Folgerung aus diesem und ähnlichen Vorgängen – ganz deutlich zu verstehen, daß es ein universelles Gesetz ist: je mehr man anderen hilft oder helfen will, desto mehr hilft man sich selbst. Je mehr universelle Energie durch dich an andere weitergegeben wird, desto mehr durchzieht diese Energie logischerweise auch dich. Es ist somit alles im richtigen Gleichgewicht.

Den Platz in der Unteren Welt durfte ich noch viele Male aufsuchen, und ich glaube, daß ich es nicht mehr an der nötigen Achtung habe fehlen lassen. Dort fand ich auch einen meiner jetzigen Verbündeten, der gesundheitliche Hilfe bei den unterschiedlichsten Krankheiten und Leiden geben kann.

✹ ✹ ✹

Die Person, für die ich um Hilfe gebeten hatte, war mein Schwiegervater. Er befand sich zu diesem Zeitpunkt im Krankenhaus auf der Intensivstation. Wir freuten uns sehr, als wir bei Besuchen feststellten, daß es ihm schon nach etwa 24 Stunden[1] besser ging und er nicht mehr an Maschinen angeschlossen sein mußte. Zwei Tage darauf wurde er sogar von der Intensivstation auf die normale Krankenstation verlegt. Es betrübte uns allerdings sehr, zu sehen, daß sich nach einigen Tagen sein Gesundheitszustand abermals verschlechterte, so daß sein Leben wiederum in Gefahr war.

Von Harner hatte ich gelernt, daß sich, sobald ein Mensch im Begriff ist zu sterben, sein Krafttier in der nichtalltäglichen Wirklichkeit von ihm entfernt. Es gibt jedoch die Möglichkeit, dieses Krafttier in der Unteren Welt zu suchen und, wenn es gefunden wurde, zu bitten, wieder in den Körper zurückzukommen. Dadurch wird dem Körper wieder Lebensenergie zugeführt. Es ist nicht unbedingt notwendig, in unmittelbarer Nähe des erkrankten Menschen zu sein, für den das Krafttier gefunden werden soll. Doch seinen genauen Aufenthaltsort muß man kennen.

Zu diesem Vorhaben hatte ich mich entschlossen! Es gelang mir, das Krafttier zu finden und durch ein besonderes Ritual zu dem Kranken zu bringen. Nun mußte ich noch das Verhalten des Krafttieres alle drei Stunden beobachten, denn dadurch kann man Rückschlüsse auf den Gesundheitszustand ziehen. Um nicht alle drei Stunden das Krankenbett aufsuchen zu müssen und dort das

---

[1] Es gibt von der nichtalltäglichen Wirklichkeit zu der alltäglichen Wirklichkeit eine Art Zeitverschiebung bis zu ca. 48 Stunden. Innerhalb dieses Zeitraums sind die Auswirkungen einer solchen Behandlung spürbar.

Bewußtsein zu verändern, um das Krafttier sehen zu können, gibt es die Möglichkeit der «Mittlere-Welt-Reise»[1]. So konnte ich sehen, daß sich das Krafttier immer in Bettnähe befand und sehr lebhaft war. Eine Besserung war offensichtlich, doch hielt sie leider nicht sehr lange an, und eine Kontrolle in der anderen Realität zeigte, daß das Krafttier wieder verschwunden war. Ich brachte es nochmals zurück, indem ich das Ritual wiederholte, und wieder war eine deutliche Besserung zu bemerken, die jedoch auch nur eineinhalb Tage anhielt. Noch ein drittes Mal versuchte ich zu helfen – doch mit dem gleichen Ergebnis. Nochmals zu helfen versuchen durfte ich nicht. Es gibt eine Grundregel, die besagt, daß ein Krafttier *nicht* mehr zurückgeholt werden darf, sobald es den Körper *zum dritten Mal* verlassen hat. Da der Körper nun nicht mehr mit Lebensenergie durchflutet wurde, konnte vorhergesehen werden, daß der Tod des Kranken unmittelbar bevorstand.

Für Verstorbene gibt es ein Ritual, das «Pushing up» heißt. Bei diesem Ritual bringt ein naher Verwandter oder der dem Verstorbenen Nächststehende die Seele hinauf in die Obere Welt, an den für sie geeigneten Platz. Dadurch hilft man der Seele, nicht an diese Welt verhaftet zu bleiben. Die Durchführung dieses Rituals wandelte die Trauer über den Verlust des Verstorbenen vollkommen um. Eine tiefe innere Zufriedenheit breitete sich nun aus.

---

[1] Eine schamanische Reise in der Mittleren Welt befähigt den Praktizierenden, gleichzeitig an zwei Orten zu sein.

Das Seelenboot

Einige Monate nach dem Tod meines Schwiegervaters besuchte ich meinen Lehrer in der Oberen Welt mit dem Anliegen, diesen Verwandten sehen zu dürfen. Ich muß dazu sagen, daß der Weg in die Obere Welt für mich immer gleich und relativ einfach ist. Ich benutze den Rauch als Reisevehikel. Die Voraussetzung für ein solches Vorhaben ist eine absolut feste Absicht. Zudem muß der Kopf frei sein von Gedanken, damit es auch möglich ist, das Bewußtsein zu verändern.

Von früheren Reisen her weiß ich, daß sich das Aussehen Verstorbener nach einiger Zeit ändert, und so hatten wir darauf gedrängt, dem Verstorbenen einen recht ausgefallenen Rosenkranz mit ins Grab zu geben, um ihn dadurch in der Oberen Welt leichter erkennen und finden zu können.

Mein Lehrer führte mich durch mehrere sehr dichte Wolkenschichten, bis wir an einer sehr festen, fast styroporartigen Schicht angelangt waren. Von hier an mußte ich ohne meinen Lehrer weiter. Zusammen mit meinen Krafttieren durchstieß ich unter einigem Kraftaufwand diese Schicht und sah auf eine riesige weiße ebene Fläche, die von einem zierlichen silbrig-glänzenden Zaun umgeben war.

Dichte Nebelschwaden zogen knapp über dem Boden dahin, lösten sich auf und bildeten sich von neuem. Dennoch konnte ich auf dieser Fläche viele große, weiße, liegende Grabsteine erkennen. Erstaunlicherweise wußte ich sofort, zu welchem ich zu gehen hatte. In dem Grabstein war eine Tür, die ich öffnete, und über einige Stufen abwärts gelangte ich in einen höhlenähnlichen Raum. Hier war es jedoch keineswegs dunkel. Die Wände dieses

Raumes waren weich und fest zugleich, ich konnte sie auch ohne weiteres durchstoßen.

Am Ende dieses Raumes saßen drei Männer an einem Tisch, und mir schien es, als würden sie eine Art Landkarte studieren. Mit einem dünnen, silberfarbenen Stab deuteten sie abwechselnd auf verschiedene Punkte auf der Karte. Ich betrachtete die Männer genauer, aber sie veränderten ihr Gesicht ständig. Doch durch eine spezielle «Sehtechnik» war es mir möglich, den Mann in der Mitte als den Vater meines Mannes zu erkennen. Bestätigt fand ich dies durch den außergewöhnlichen Rosenkranz. Wollte ich zuerst noch verschiedene Fragen stellen, so unterließ ich dies jedoch, da ich das Gefühl hatte, es sei besser, nicht zu stören.

Ich verließ den Raum, ging die Stufen wieder hoch, und als ich oben angekommen war, waren der Zaun, die riesige ebene Fläche wie auch alle Grabsteine verschwunden. Lediglich ein großes weißes Gebäude, ähnlich einem Kirchengebäude, stand dort. Über dem Portal dieses Gebäudes sah ich ein Kreuz, dessen Enden stark verdickt waren. Das Kreuz drehte sich ständig. Als ich darauf zuging, verschwanden Gebäude wie auch Kreuz.

Mein innerstes Gefühl drängte mich, weiter nach oben zu gehen, und es war mir auch möglich, allerdings nur mit Hilfe meiner Krafttiere. Ich spürte ganz deutlich einen sehr kühlen Wind und konnte auch sehr seltsame, fremde Töne wahrnehmen. Eine eigenartige Stimmung überkam mich, eine Stimmung, die ich noch nie verspürt hatte. Urplötzlich fand ich mich an einem Platz, der einem Strand glich. Das Meer vor mir bestand aus lauter unterschiedlichen Wolkenarten, die sich wie Wellen verhielten. Die restliche Umgebung war gräulich-weiß, und sich auflösende Nebelschwaden, ähnlich denen bei den Grabstätten, durchzogen das Umfeld.

Ich stand am Ufer dieses eigenartigen Meeres und sah in weiter Ferne ein riesiges Schiff auf mich zusteuern. Unendlich viele, verschiedene Töne verbanden sich zu einer Musik und drangen immer tiefer in mich ein. Ich verspürte eine tiefe innere wie auch eine körperliche Veränderung. Wie angewurzelt stand ich an diesem Platz, während sich das Schiff stetig näherte. Ich erkannte recht

deutlich, daß der Bug des Schiffes in eine geschnitzte, drachenähnliche Figur überging.
Je näher das Schiff kam, desto riesiger erschien es mir. Ich erkannte, daß es uralt sein mußte. Es hatte ein riesiges Segel, und seitlich waren viele hölzerne, geschnitzte Ruder angeordnet. Diese Ruder wurden von großen Wesen im gleichen Rhythmus betätigt. Die Ruderer trugen bunte, geschnitzte, überdimensional große Vogelmasken und schienen von menschlicher Gestalt, denn ich konnte Hände und Arme deutlich erkennen. Die seltsame Musik, die eindeutig von diesem Schiff her kam, zog mich regelrecht an. Ich verließ den Strand und schwebte dem Schiff entgegen. Meine Krafttiere blieben am Strand zurück, doch dies störte mich überhaupt nicht. (Krafttiere begleiten einen nicht in Situationen, die lebensbedrohlich sind – aber das wußte ich zu diesem Zeitpunkt noch nicht.) Vom Heck des Schiffes hingen verschieden lange Seile ins «Wasser» hinab, an denen sich Menschen festhielten.

Eine unwiderstehliche Neugierde überkam mich, und ich mußte wissen, wer diese Menschen wohl waren. Deshalb begab ich mich näher zu den Seilen und auch an das Schiff. Zu meinem Entsetzen erkannte ich an einem der Seile ein Frauengesicht, das dem meiner Schwester glich. Um es noch deutlicher erkennen zu können, kam ich noch näher heran. Doch es war nicht das Gesicht meiner Schwester, schlimmer noch, ich erkannte mich selbst.

Ich fühlte, wie sich in mir etwas veränderte, und diese Veränderung ging von der Herzgegend aus. Ich war nicht mehr fähig, mich zu bewegen, weder nach oben noch sonst wohin, und sah mir selbst zu, wie ich mich immer weiter entfernte. Mit einem Schlage wurde mir klar, daß diese Wesen im Begriff waren, meine Seele und die der anderen abzuholen. Ich spürte, daß die Kraft, die ich dem entgegenzusetzen hatte, nicht lange ausreichen würde. Die anfangs seltsamen Töne waren inzwischen zu einer wunderschönen Musik geworden, die auf alle betäubend einwirkte.

Eine sehr friedliche Stimmung breitete sich aus. *Doch es schien, als wäre meine Zeit, endgültig zu gehen, einfach noch nicht da.* Ein gewaltiger Druck preßte meinen Kopf nach unten durch die wolkenähnlichen Massen und Schichten, immer tiefer und tiefer, mein Kopf dröhnte, und ich fiel und fiel. Ich hatte das Gefühl, unzählige Rückwärtssaltos zu machen, bis ich die Nähe meiner Krafttiere spürte und sie auch hörte. Ich war an einem mir bekannten Platz in der Oberen Welt gelandet und konnte von dort ohne Mühe wieder in die Mittlere Welt zurück.

In unserer Realität angekommen, erzählte ich Harner von meinem Erlebnis, und er zeigte sehr großes Interesse, zumal er bereits ähnliche Sterbeerlebnisse gehabt hatte, allerdings durch die Droge *Ayahuasca,* die er von südamerikanischen Indianern verabreicht bekommen hatte. Er machte mir deutlich, daß nur durch eine ganz gehörige Portion Neugierde die Angst verdrängt werden kann. Dadurch sei es möglich, wirklich zu lernen – eine Gratwanderung sei es aber trotzdem.

Den Körper verlieren

Mein Lehrer in der Oberen Welt erklärte mir einmal, wie wichtig es sei, auch in der nichtalltäglichen Wirklichkeit gewisse Reinigungsprozesse auszuführen. Dies hätte positive Auswirkungen auf den körperlichen Zustand. Ich wurde zu diesem Zweck in der Oberen Welt mit einem dafür vorgesehenen Platz vertraut gemacht. Diesen Platz kann man annähernd mit einer kleinen, grünen Insel vergleichen; er wirkt richtig einladend und sehr hell. Auf dieser Insel steht ein alter, sehr mächtiger Baum, der jedoch keine Blätter trägt.

Meine Übung bestand darin, mich unter diesen Baum zu setzen und abzuwarten. Während ich so unter dem Baum saß und mich umblickte, fiel mir ein kleines Paket auf, das in der Mitte des Baumes hing. Ich war neugierig, was wohl darin sein mochte, und kletterte hinauf, um es zu holen und nachzusehen. Ohne genau zu überlegen, entfernte ich die Verschnürung und riß das Papier auf. Aus dem kleinen Paket züngelten zunächst kleine Flammen heraus, die immer größer und größer wurden. Im Nu war mein Körper von ihnen erfaßt, und ich brannte am ganzen Körper innerhalb von Sekundenbruchteilen. Ich warf mich zu Boden, wälzte mich und versuchte so, das Feuer zu ersticken. Es gelang mir nicht. Ich brannte leer, wie eine Fackel ausbrennt, und es blieb nur noch ein kleines Häufchen meiner selbst übrig. Das Befremdende jedoch war, daß ich mich selber nach wie vor fühlte und mich auch sehen konnte.

Meine Krafttiere, die dem Ganzen beigewohnt hatten, nahmen sich etwas von dem übriggebliebenen Häufchen Asche und kamen mit neuen Körperteilen zu mir zurück, immer und immer wieder. Wie ein Mosaik wurde ich aus unzähligen kleinen Teilchen vollkommen neu zusammengesetzt. Und jedesmal, nachdem ich sozusagen meinen Körper verloren hatte, zeigte mein Lehrer mir eine Schriftrolle mit Schriftzeichen, die ich leider nie entschlüsseln konnte. Nachdem er sie mir gezeigt hatte, rollte er sie zu einem Rohr zusammen, hielt sie gegen mein drittes Auge und blies heftig hindurch.

※ ※ ※

Es ist ein großer Unterschied, ob man durch einen Lehrer in der nichtalltäglichen Wirklichkeit oder durch einen Lehrer in dieser Realität ausgebildet wird. In der anderen Wirklichkeit muß alles stets allein, ohne Begleitung und ohne den Rat einer irdischen Person, bewältigt werden. Dadurch wird man fast gezwungen, Spezialist in beiden Realitäten zu werden.

Die Lehrer der Oberen Welt stehen weit über uns und somit auch über den Lehrern der Mittleren Welt. Sie überblicken alles, sind meines Erachtens fehlerlos, dadurch aber auch sehr «unmenschlich» und unerbittlich, besonders in bezug auf Härte, auf Gefühle und auf Entscheidungen.

Ich erhielt sozusagen eine Grundausbildung auf zwei Ebenen. Die eine bekam ich von Harner, dessen Technik sich auf ein uraltes Heilungssystem bezog, die andere Ausbildung durch meinen Lehrer. Dessen Ausbildung bezog sich darauf, meinen Körper, meinen Geist und meine Seele auf das *Wissen* vorzubereiten. Ich muß sagen, daß es mir *nicht* immer leicht gefallen ist, ein Durchschnittsmensch zu sein und zu bleiben, insbesondere in Bezug zu meiner täglichen Arbeit und zu meiner Rolle als Mutter und Ehefrau. Das Gefühl, in «zwei» geteilt zu sein, erfordert viel Kraft und Durchhaltevermögen. Oft kam ich in Situationen, wo ich gerne, der Einfachheit halber, eins von beiden aufgegeben hätte.

Ich hatte bereits für viele Menschen gesundheitliche Verantwortung übernommen, hatte mich dabei aber selbst ganz vergessen. So war es auch möglich, daß sich nach und nach Magenbeschwerden bei mir einschlichen, die schließlich richtig massiv wurden. Zu diesem Zeitpunkt standen auch große berufliche Veränderungen an, da wir uns, mein Mann und ich, entschlossen hatten, im Betrieb von Verwandten mitzuarbeiten. Daß dies zum Problem werden könnte, hätten wir nie für möglich gehalten. Viel Negatives kam ständig auf mich zu, und ich wußte keine Möglichkeit, mich davor zu schützen. Als dieser Zustand immer unerträglicher wurde und ich keinen Ausweg mehr sah, entschloß ich mich, meinen Lehrer um Hilfe zu bitten. Meiner Unwichtigkeit stets bewußt, wagte ich kaum, auf Hilfe zu hoffen. Doch erstaunlicherweise erhielt ich plötzlich Hilfe von allen möglichen Seiten. Ich konnte dadurch das erste Mal etwas über «Donner-und-Blitz-Medizin» lernen, aber auch allgemein über Schutzmaßnahmen, um Negatives abzuwehren.

Eine der wohl einfachsten dieser Schutzmaßnahmen ist die Arbeit mit Spiegeln. Hierbei baut man sich in der nichtalltäglichen Wirklichkeit eine Art Spiegel als Schild vor sich auf, der dann in der Nabelgegend befestigt wird. Versuchen nun Menschen in dieser Realität den Betreffenden durch negative Gedanken oder durch negative Äußerungen anzugreifen oder gar zu verletzen, so prallen die ausgesandten Energien am Spiegel ab und kehren zum Absender zurück. Ich hatte auch noch gelernt, daß es in bedrohlichen Situationen möglich ist, sich mit Hilfe seiner Verbündeten sicher zu schützen.

Belehrt durch diese wichtigen Erlebnisse, wurde Gerechtigkeit für mich zu einem ernsthaften Thema. Nachdem ich Unterricht in den verschiedenen Techniken des Kämpfens erhalten hatte, galt es nun, mich selbst ständig unter Kontrolle zu halten, um nicht in erregtem Zustand oder gar im Zorn jemals unüberlegt damit umzugehen. Das heißt, immer über der Situation zu stehen, sich seiner Möglichkeiten bewußt zu sein und dennoch richtig zu handeln. Es ist bestimmt wahr, wenn ich behaupte, sich hier in unserer Mittleren Realität richtig zu verhalten ist oft weitaus schwieriger, als in den anderen Realitäten zu lernen.

❋ ❋ ❋

Der Zustand meines Magens war im Laufe der Zeit zu einem Problem herangewachsen, das ich in keinster Weise mehr ignorieren konnte. Selbst die schonendsten Speisen verursachten heftige Magenschmerzen. Ein befreundeter Arzt klärte mich darüber auf, daß ich damit rechnen könnte, in Kürze ein Magengeschwür zu bekommen, falls nichts dagegen unternommen würde.

Da ich hier niemanden kannte, der in der Lage war, mich auf schamanische Weise von meinem Leiden zu befreien, entschloß ich mich, ein Ritual zu wagen, das ich vom Hörensagen kannte.

Dieses Ritual kann angewendet werden, sobald eine Krankheit sich selbst entwickelt hat, das heißt, wenn sie nicht von einem Außenstehenden (auch durch einen ärztlichen Fehler) verursacht worden ist. Die Durchführung setzt zum einen genügende Erfahrung beim schamanischen Reisen voraus, zum anderen absolutes Vertrauen in seine Krafttiere. Dieses Ritual sollte wirklich nur in Notfällen angewandt werden, denn der eigene Körper wird dabei total vernichtet und zwar mitsamt seiner Krankheit. Man erhält danach natürlich einen neuen Körper. Das Ritual findet in der nichtalltäglichen Wirklichkeit statt und hat Auswirkungen auf unsere alltägliche Wirklichkeit.

Ich begab mich auf die Reise in die Untere Welt, indem ich durch meinen Fuchsbau einstieg, in meinem Tunnel nach unten ging und am gewohnten Platz herauskam. Meine Krafttiere warteten bereits auf mich und schienen sich, da sie mein Leiden kannten, über die getroffene Entscheidung zu freuen. Sie führten mich in eine Gegend hoch oben im Gebirge. Die Vegetation war hier schon sehr karg, das ganze Gebiet sehr felsig. Sie führten mich zu dem höchsten Gipfel, der zu sehen war. Von hier oben konnte ich in eine sehr tiefe Schlucht schauen. Ein kleiner, reißender Bach durchfloß tief unten die Schlucht, längeres Hinabschauen erweckte in mir große Angst.

Mir war plötzlich klar, was ich tun sollte, und bei dem Gedanken lief es mir eiskalt den Rücken herunter. Ich blickte in alle möglichen Richtungen, um vielleicht eine andere Möglichkeit zu erspähen; dennoch spürte ich im Innersten, daß dieser Platz für mein Vorhaben der richtige sei.

Ständig versuchte die Angst, die Absicht zu verdrängen! Ich hatte ja nur Zweiter-Hand-Informationen und keine Ahnung, wie ich zu einem neuen Körper kommen könnte, sobald der alte Körper zerstört wäre. Diese Ungewißheit nagte an mir – gleichzeitig fühlte ich aber sehr großes Vertrauen zu allem, auch zu dem, was mich umgab.

Ich machte einen Schritt nach vorn, verließ den sicheren Boden und sprang! Wie in Zeitlupe fiel ich, sah die Felsen und sah mich selbst; unendlich viele Bilder zogen an mir vorbei. Doch dann schlug ich an einem vorstehenden Felsen auf und platzte seitlich völlig auf. Ich stürzte weiter nach unten und fühlte mich bei dem nachfolgenden Aufprall, als würde man ein aufgeschlagenes, rohes Ei aus großer Höhe fallen lassen. Was unten am Boden ankam und übriggeblieben war, war nur mehr eine breiige Masse. Einige Körperteile waren schon beim ersten Aufprall weggesprengt worden, andere waren im Bach gelandet und weggespült worden.

Obwohl mein Körper nicht mehr vorhanden war, konnte ich mich dennoch sehen. Ich wartete und bat meine Krafttiere, mir zu helfen. Sie kamen und gingen und brachten jedesmal ein kleines Teilchen eines neuen Körpers mit: Knochenteile, Fleischstückchen – alles fügten sie fachgerecht aneinander, und ich wurde, wie ich es schon einmal erlebt hatte, einem Mosaik gleich, zusammengebaut.

Mit diesem neuen Körper kam ich nach oben in die alltägliche Wirklichkeit. Aus alter Gewohnheit trank ich auch in dieser Nacht widerwillig meinen Kamillentee und löffelte meinen Haferschleim, da ich nach wie vor Beschwerden verspürte. Doch vom nächsten Tag an nahmen diese merklich und stetig ab, bis ich nach einigen Tagen vollkommen beschwerdefrei war. Zu meiner Freude und zum Erstaunen Gerolds und unserer Freunde war auch mein Überbein am rechten Handgelenk nicht mehr zu sehen, es war ebenfalls verschwunden.

✼ ✼ ✼

Durch den ständigen Umgang mit der nichtalltäglichen Wirklichkeit wurde ich mir immer sicherer. Ich lernte nun nicht nur von meinem Lehrer, sondern auch von Pflanzen und Steinen. Viele offene Fragen konnten mir von diesen beantwortet werden.

Visionstanz

An einem Visionstanz teilnehmen zu können ist eine sehr ernste wie auch spannende Sache. Bei diesem Tanz bittet man die Ahnen um Wissen, welches in unserer Welt schon längst in Vergessenheit geraten ist. Der Tänzer, dem solches Wissen anvertraut wird, geht dadurch eine große Verpflichtung ein. Er ist zugleich Hüter und Vermittler des wiedergewonnenen Wissens.

Im Verlauf eines solchen Visionstanzes, an dem ungefähr 25 Personen teilnahmen, war es mir möglich, in den gewünschten Trancezustand zu fallen. Den Aussagen anderer Teilnehmer zufolge fiel ich plötzlich um wie ein gefällter Baum. Ich selbst erinnere mich noch genau, daß mir ganz schwarz vor Augen wurde. Dann kam eine Art «Flugstuhl» von recht eigenartigem Aussehen auf mich zu, und ich setzte mich darauf. In rasantem Tempo brachte mich dieser aufwärts, in die Obere Welt. An einem wunderschönen Platz, einem Ritualplatz, wie sich bald herausstellte, hielt er an.

Viele Frauen und Männer von indianischem Aussehen und in ebensolcher Kleidung waren dort. Ich sah auch einen großen Kreis, der von Frauen gebildet wurde. Hinter jeder Frau stand ein Mann. Der Flugstuhl brachte mich genau in die Mitte dieses Kreises. Eine Frau löste sich aus dem Kreis und trat auf mich zu, nahm mich bei der Hand und führte mich an einen eigens gekennzeichneten Platz. Dort zeigte sie mir, wie ich mich hinlegen sollte. Die Frau hatte Lederbänder und eine weiße Feder bei sich. Die weiße Feder band sie, mit dem Kiel nach oben, an meine Stirn. Anschließend ging sie an ihren Platz zurück.

Nun kam ein alter Mann, der einen in eine Tierhaut gebundenen, rundlichen Gegenstand brachte. Er wickelte diesen Gegenstand sorgfältig aus der Haut. Er hatte Ähnlichkeit mit einem Ball, vielleicht auch mit einem Schädel, und besaß Kinderkopfgröße. Er schien zudem ein sehr wertvolles Objekt zu sein, denn der alte Mann reichte ihn nun besonders vorsichtig an eine Frau weiter. Die Frau hielt diesen «Ball» mit beiden Händen fest und schüttelte ihn dabei zweimal. Gleichzeitig drückte der hinter ihr stehende Mann mit beiden Händen so auf ihre Schultern, als würde er Energie an die Frau weitergeben. Durch das Schütteln hatte der Ball zu tönen angefangen, und zwar in einer Art, wie ich es noch nie vernommen hatte. Beim ganz genauen Hinhören waren es jedoch verschiedene Töne, die sich zu einem einzigen verbanden.

Der Ball wurde von einer Frau zur anderen weitergegeben, und jede Frau schüttelte ihn gleich oft und im gleichen Rhythmus. Ich bemerkte, daß das rhythmische Schütteln diesen gleichmäßigen Ton erzeugte. Nach einiger Zeit schloß ich die Augen, und der Ton hob mich an. Ich stieg höher und höher, wie von unsichtbaren Fäden hochgezogen. Dabei wurde es auch immer wärmer.

Ich näherte mich einem kräftigen, gelblich-orangenen Licht. Je näher ich ihm kam, desto intensiver wurde es. Ich fühlte mich umgeben von reiner Energie, die mich gleichzeitig aufzusaugen schien. Gerade in dem Moment, als dieser Zustand schier unerträglich wurde, wurde ich in die normale Realität zurückgeholt.

Um dieses mir gezeigte Ritual in unserer Wirklichkeit ausführen bzw. wiedereinführen zu können, bedurfte es vieler weiterer Reisen. Von meinem Lehrer in der Oberen Welt erhielt ich dazu keine Hinweise und keine Hilfe. Er erklärte sich dafür nicht zuständig. Und so blieb mir für weitere Informationen nur die Untere Welt. Dort nachzufragen schien mir nun auch am naheliegendsten, zumal es sich doch um uraltes Wissen handelte. Ich hatte viele Fragen in bezug auf die Herstellung des ballähnlichen Gegenstandes.

Bei meinen weiteren Reisen kam ich den gewohnten Tunnel entlang nach unten zu dem vertrauten Ausgang. Dort wurde ich jedesmal von meinen Krafttieren erwartet. Sie führten mich zu einem Gebirge, wo sie nach einer bestimmten Öffnung suchten. Diese befand sich in einer großen Höhle. Von dort gelangten wir durch einen schmalen Erdtunnel tief ins Innere. Er endete in einer dunklen gewölbeartigen Höhle, oder es schien vielmehr eine ganze Höhlenanlage zu sein.

In einer angrenzenden Höhle erkannte ich mehrere Feuerstellen. An den Wänden waren aus Stein gehauene Regale. Außerdem sah ich noch verschiedene schwarze, massive Behälter in der Form von rundlichen kleinen Kesseln. Wurzeln unterschiedlichster Arten lagen herum. Fasziniert betrachtete ich all diese Gegenstände und die einfache Einrichtung, als aus einer Nachbarhöhle seltsame Urzeitwesen auf mich zukamen.

Mit sehr großen Augen sahen sie mich an und schienen über meine Anwesenheit keineswegs überrascht. Diese Wesen waren etwa 60 bis 80 Zentimeter groß, gingen aufrecht wie wir Menschen, hatten jedoch einen länglichen, nach vorn gezogenen Kopf, der ihren Mund fast verdeckte. Die Arme dieser Wesen waren so lang, daß sie fast den Boden berührten. Außerdem hatten sie noch einen langen Schwanz. Eines dieser Wesen nahm mich bei der Hand und führte mich in den Raum, aus welchem sie gekommen waren. Als ich mich in diesem Raum umblickte, erkannte ich am anderen Ende über einer Feuerstelle an der Decke hängend einen rundlichen Gegenstand in einer Tierhaut, der dem, welchen ich in der Oberen Welt gesehen hatte, genau glich.

Eines der Wesen deutete mir an, mich zu setzen, und dieser Gegenstand wurde heruntergeholt. Die Haut war oben mit einem Lederband verschnürt. Die Verschnürung wurde geöffnet, die steife Haut vorsichtig beiseite gedrückt, und dabei erkannte ich auch, daß die Haut keine Haare hatte. Ferner war sie an den Füßen zusammengebunden gewesen. Im Inneren kam ein «Ball» zum Vorschein.

Die Haut diente scheinbar nur zum Aufbewahren. Respektvoll wurde der Ball herausgenommen und auf den Boden gelegt. Nun hatte ich die Möglichkeit, ihn genauer zu betrachten. Dies war mir während des Rituals in der Oberen Welt nicht möglich gewesen. Zu meiner Erleichterung erkannte ich nun, daß es kein Schädel war, wie ich manchmal befürchtet hatte, sondern wirklich ein einem Ball sehr ähnliches Gebilde aus einem festen, tonartigen Material. Acht daumendicke, gleich große Löcher, die eine bestimmte Anordnung hatten, konnte ich erkennen. Im hohlen Innern des Balls befanden sich irgendwelche Gegenstände. Das Wesen nahm den Ball und schüttelte ihn. Ich vernahm den gleichen Ton, wie ich ihn bereits beim Ritual gehört hatte. Dann wurde der Ball wieder vorsichtig in die Haut gewickelt, verschnürt und an seinen Platz gebracht.

✼ ✼ ✼

Ich hatte dieses Mal gezeigt bekommen, was zur Durchführung des Rituals notwendig war, doch ich hatte nach wie vor keine Ahnung, wie ich diesen Ball in unserer Realität herstellen sollte. Ich wußte zwar, daß die Urzeitwesen das Wissen zur Herstellung besaßen, aber zwischen ihnen und mir lagen im wahrsten Sinne Welten.

Ich hatte es mir wesentlich leichter vorgestellt, die Aufgabe, die ich übernommen oder besser übertragen bekommen hatte, auszuführen. Am liebsten hätte ich die gesamte Angelegenheit beiseite gelegt, doch mein Lehrer teilte mir außerordentlich deutlich mit, daß er dafür überhaupt kein Verständnis hätte. Durch meinen Entschluß, am Visionstanz teilzunehmen, hatte ich mich allerdings bereit erklärt, eine auf mich zukommende Verpflichtung zu übernehmen. Ich hatte meine Ahnen angerufen, und diese hatten mich gehört. Nun bin ich der Hüter dieses Wissens und voll verantwortlich dafür, daß ich es weitergebe. Mein Lehrer erklärte mir jedoch auch, daß die Wesen in der Unteren Welt um meine Aufgabe wüßten und mir behilflich sein würden. Doch die eigentliche Aufgabe müßte ich selbst ausführen.

Von diesem Zeitpunkt an reiste ich fast nur noch in die Untere Welt, um meine Pflicht zu erfüllen. Sehr viele Reisen waren notwendig, da ich mir nur immer einen Teil des dort Gesehenen merken konnte. Schrittchen für Schrittchen wurde mir die Herstellung des Balls vor Augen geführt.

Das Material, aus dem der Ball hergestellt wurde, befand sich an einem lehmigen Platz in der Unteren Welt. Dort wurde es ausgestochen, in große Behälter gefüllt und zurück zur Höhle geschleppt. Dann wurde diese erdige Masse in große Gefäße gegeben und unter ständiger Zugabe von Wasser lange Zeit gekocht. An der Oberfläche der brodelnden Masse setzte sich *etwas* ab, das mit löffelartigen Stöckchen abgeschöpft wurde.

Dieser Vorgang wiederholte sich unzählige Male. Als die entstandene breiige Masse anscheinend sauber genug war, wurde sie auf eine riesige Steinplatte gegossen, abgekühlt und getrocknet. Anschließend wurde sie begutachtet und von der Platte wieder abgeschabt. Dabei wurde sie sehr bröselig und krümelig. Die Brösel wurden nun in ein kalebassenartiges Gefäß gefüllt. Wieder wurde Wasser zugegeben und das Gefäß kräftig durchgeschüttelt. Dann wurde der Inhalt vorsichtig in ein anderes Gefäß geleert, und ich konnte sehen, daß sich am Boden des kalebassenartigen Gefäßes wieder etwas abgesetzt hatte. Nachdem dieses Etwas immer weggeschüttet wurde, nehme ich an, daß es Verunreinigungen in der tonartigen Masse waren und die ständige Umfüllerei nur dazu diente, die Masse zu säubern. Nach vielen solcher Vorgänge war die Masse ganz sauber und fein und wurde zu etlichen faustgroßen Kugeln gedrückt.

Eines der Wesen demonstrierte nun seine handwerkliche Geschicklichkeit und fing an, auf der Steinplatte, den es als Tisch benutzte, den Ball zu formen. Stückchen für Stückchen setzte es aufeinander, bis die Größe eines Kinderkopfes erreicht war. Innen war der Ball völlig hohl – es waren keine Stützen vorhanden.

Dann kam ein anderes Wesen mit einem Bambusrohr. Es durchstieß den Ball viermal in gleichen Abständen voneinander. Die durchstoßene, verdrängte Masse verschwand dabei im Rohr. Acht gleichmäßige Löcher waren jetzt entstanden. Nun wurde der Ball an der Luft getrocknet und im Anschluß daran ins Feuer gelegt und gebrannt. Der gebrannte Ball tönte aber gar nicht, und es folgten die nächsten nötigen Arbeitsgänge.

Ein silbrig-glänzender kleiner Klumpen – ich glaube, es war Silber – wurde von einem Wesen mühsam zu einer hauchdünnen

Platte geklopft. Dazu benutzte es als Werkzeug einen sehr massiven Stein und einen schweren Hammer. Jetzt ging es daran, die Form einer Zimbel daraus zu klopfen. Diese Zimbeln sind maßgebend für den Ton, der durch das Schütteln erzeugt wird. Es wurden zwei davon gefertigt.

Als nächstes wurden zwei Wurzeln mit richtig kräftigen Verdickungen angebracht. Die Verdickungen wurden von den Wurzeln abgetrennt. Mit kleinen Messerchen ging ein Wesen daran, zwei solcher Verdickungen auszuhöhlen. Mit einer Genauigkeit, die ich nie für möglich gehalten hätte, schnitzte es zuerst zwei Döschen daraus und anschließend zwei passende Deckelchen dazu. Nun wurden winzige, glitzernde, quarzähnliche Steinchen gebracht, in jedes Döschen 75 davon gegeben und die Döschen anschließend verschlossen. Die Steinchen sind auf den Bauten von Waldameisen zu finden.

Auf den schon beinahe fertigen Ball wurde dann ein rundes Loch aufgezeichnet, so groß, daß die geschnitzten Döschen und auch die gehämmerten Zimbeln hindurchpaßten. Die Zeichnung wurde nachgeritzt und dann vorsichtig durchgeklopft. Durch das Loch wurden die Zimbeln und die Döschen ins Innere des Balls gegeben. Das ausgeklopfte Teilchen wurde mittels einer klebrigen Masse wieder angebracht. Somit war der Ball fertig. Er wurde nur noch in Kalk gewälzt.

Die Tierhaut, in die der Ball anschließend gewickelt wurde, hatte die Form einer kleinen Hirschhaut. Sie war auf einfache, natürliche Weise gegerbt. In der Mitte der Haut konnte ich ein Symbol erkennen, das mit Kohle aufgezeichnet war (siehe umseitige Abb.). Genau auf dieses Symbol wurde der Ball gelegt, dann eingewickelt, zugeschnürt und zu seinem Platz gebracht.

Was ich jetzt in Händen hatte, war eine genaue Beschreibung der mir bevorstehenden Arbeit. Doch es waren noch etliche Unklarheiten und Fragen, die sich auf die Materialbeschaffung und Arbeitsdurchführung in unserer Mittleren Welt bezogen. Ich überlegte krampfhaft, wie ich die aufgetragene Arbeit angehen könnte.

Plötzlich erhielt ich unerwartet Hilfe, und das mitten im Ar-

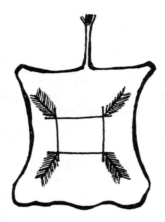

beitsalltag. Eine Frau, ungefähr in meinem Alter, kam in unser Geschäft. Sie war auf der Suche nach einer recht ausgefallenen Lederjacke. Sie hatte ganz genaue Vorstellungen, und da ein solches Stück nicht vorrätig war, bot ich ihr eine Anfertigung nach ihren Wünschen an. Angeregt durch ihre ausgefallenen Ideen fragte ich sie neugierig nach ihrer Tätigkeit. Sie erzählte mir, daß sie Töpferin sei. Im Verlauf der weiteren Unterhaltung stellte sich heraus, daß sie sich für alte Töpfereien interessierte.

Mir wurde ganz heiß, und ich wußte, daß diese Begegnung kein Zufall war. Es gelang mir nur sehr schwer, meine Freude im Zaum zu halten. Nun lag es an mir, meine Fragen geschickt anzubringen, ohne gleich als merkwürdig zu erscheinen. Ich erzählte ihr, welch glücklicher Zufall es sei, denn ich hätte erst kürzlich in einem Buch von einem so interessanten Töpfervorgang gelesen, daß ich diesen unbedingt nachvollziehen müßte. Und so erzählte ich ihr, was ich wußte, ohne natürlich die Einzelheiten preiszugeben. Selbstverständlich erwähnte ich die eigenartigen Wesen nicht. Sie nickte hin und wieder zustimmend, während sie aufmerksam zuhörte, fragte zwischendurch auch mal und meinte hinterher, daß sie bei der Anfertigung dieses Balls kein Problem sähe. Sie konnte mir sagen, wie ich zu rohem, ungereinigtem Ton kommen könnte, und erklärte mir auch, warum gewisse Tätigkeiten besonders wichtig wären. Kurzum, sie gab mir wertvolle Tips für die Herstellung des Balls und war in der Lage, mich fachmännisch zu kontrollieren. Bis der Ball fertig war, hatte sich ein freundschaftliches Verhältnis entwickelt, nur sobald die Sprache auf das Buch kam, war ich ganz schön in Verlegenheit.

Ähnlich wie die Töpferin auf mich zukam, kam ich mit einer Goldschmiedin in Verbindung. Von ihr erhielt ich genau die Zimbeln, die ich brauchte, als Geschenk.

Nun fehlten mir nur noch die Wurzeldöschen für das Innere des Balls. In meinem Bekanntenkreis ist auch ein Schreiner, der sogar schon Reiseversuche unternommen hatte. Ihm erzählte ich von meinem Auftrag, und er versuchte bei einer weiteren Reise, die Höhlenanlage zu finden, damit er sich die Arbeitsvorgänge und das Wurzelmaterial genau ansehen konnte. Es gelang ihm leider nicht, und so kam mir die Idee, ihn mit mir nach unten zu nehmen. Noch nie hatte ich solch einen Versuch unternommen, doch glaubte ich fest an ein Gelingen. Zum Zwecke dieser Reise legten wir uns ganz nah zueinander, damit eine Verbindung unserer Schattenkörper und unserer Energiefäden geschehen konnte.

Ich nahm meinen Eingang und Tunnel wie üblich, hatte jedoch nicht bedacht, daß mein Bekannter gewiß zweimal meinen Körperumfang hatte, und so blieb er mitten im Tunnel stecken. Ich bat meine Krafttiere mitzuhelfen, und durch gemeinsame Kraftanstrengungen gelang es, ihn nach unten zu ziehen und zu schieben. Gemeinsam unten angekommen, konnte er genau sehen, welche Wurzelart notwendig war und wie die Döschen geschnitzt werden sollten. Zurück in der Mittleren Welt konnten nun die restlichen Arbeitsgänge problemlos ausgeführt werden.

Ich brauchte für die Herstellung des Balls ungefähr ein ganzes Jahr. Nun galt es die richtige Gelegenheit für die Durchführung des Rituals abzuwarten.

Watange

Nachdem ich begonnen hatte, selbst zu unterrichten – zunächst für das *Center for Shamanic Studies* –, mußte ich besonders am Anfang davor auf der Hut sein, mich nicht als etwas «Außergewöhnliches» anzusehen. Ich hatte oft das Gefühl, von «oben» genauestens beobachtet zu werden. Meine neue Rolle brachte mich mit vielen Menschen zusammen, und ich mußte eine gewisse Verantwortung übernehmen. Immer häufiger wurde ich nun auch mit Kranken und ihren Problemen konfrontiert. Selbst fremde Personen kamen auf mich zu und erwarteten Hilfe.

Ich kannte bis jetzt – da ich noch auf der Grundlage des *Core Schamanismus* arbeitete – nur zwei Arten des Heilens: Die eine Art bestand darin, etwas in den Körper zu geben – dies war meist die Energie der Krafttiere –, die zweite war, etwas aus dem Körper zu nehmen – das geschah entweder durch Wegnehmen oder Wegziehen mit den Händen oder durch Wegsaugen mit dem Mund.

Beide Heilungsarten haben rituellen Charakter, und es war nicht immer leicht, einen geeigneten Platz zu finden, zumal die entstehende Geräuschkulisse, verursacht von mindestens sechs Trommlern, unterstützt von Rasslern und Sängern, in weitem Umkreis zu hören war. Somit war die Durchführung nur in abgelegenen Gegenden möglich. Auch so viele Mitwirkende zur gleichen Zeit am selben Ort zu versammeln bereitete erhebliche Schwierigkeiten.

Diese Heilungszeremonien waren für unsere Zeit einfach zu umständlich und paßten auch nicht in unseren Kulturkreis. Da sie sehr fremdartig anmuteten, erzeugten sie bei den Heilungssuchenden oft Angst. Ich fragte meinen Lehrer nach anderen Möglichkeiten des Heilens. Doch er wäre dafür nicht zuständig, sagte er mir, und verwies mich an die Untere Welt, denn dort gäbe es mit Sicherheit die Spezialisten dafür.

* * *

Auf der Suche nach bestimmten Pflanzen hatte ich in Österreich einen wunderschönen, recht urwüchsigen Wald gefunden, der aussah, als würden dort sehr selten Menschen hinkommen. Ich ließ mich von meinem Gefühl leiten und kam zu einem kleinen Hügelchen. Von dort aus erblickte ich viele Steine mittlerer Größe, die die Form eines Kreises bildeten. Fast in der Mitte des Kreises lag ein etwas größerer, und dieser zog mich regelrecht an. Ich setzte mich daneben. Mein Blick haftete an dem Stein – immer wieder fing sich dort mein Blick. Ich verspürte den innerlichen Drang, unter den Stein zu sehen, hob ihn deshalb an und kippte ihn zur Seite. Was ich jetzt sah, war ein Erdtunnel; der Stein hatte die Öffnung verdeckt. Ich bückte mich und besah mir den Tunnel näher, ja ich war so nahe daran, daß ich fast meine Nase hineinsteckte. Ich fühlte, etwas entdeckt zu haben! Und nun sah ich es auch – mir stockte der Atem. Spielte mir meine Wahrnehmung solch einen Streich?

Am Ende des Tunnels konnte ich ein winziges kleines Männchen erkennen. Sein Gesicht war bräunlich und hatte äußerst viele Runzeln. Auf dem Kopf trug es einen, im Verhältnis zu seinem Wuchs, viel zu großen Hut, der die Form eines Pilzes hatte und aus strohigem Material war. Ansonsten war das Männlein ganz in Weiß gekleidet. In der einen Hand hielt es ein dickes, sicherlich sehr altes Buch.

Ich konnte nicht glauben, was ich sah, und setzte mich ganz aufrecht hin, atmete einige Male kräftig durch, rieb meine Augen und schaute dann wieder in den Erdtunnel. Doch es zeigte sich dasselbe Bild. Unverändert? Nein, etwas hatte sich verändert: Das zwergenhafte Männlein schmunzelte ganz verschmitzt.

Ich hatte auf meinen Reisen in der Unteren Welt schon öfter Zwerge gesehen, aber in dieser Realität war es das erste Mal.

Vorsichtig brachte ich den Stein in seine ursprüngliche Lage zurück und verließ den Platz, ohne mich nochmals umzudrehen.

Zu Hause angekommen, versuchte ich durch eine Reise in die Untere Welt herauszufinden, was mich zu diesem Zwerg geführt hatte bzw. was dieser von mir wollte. Zusammen mit meinen Krafttieren kam ich zu einem sehr alten Baum, der seitlich eine große Öffnung hatte. Die Öffnung ging in einen Tunnel über, durch den ich noch eine Ebene tiefer nach unten gelangte. Der Ausgang führte wiederum zu einer Erdöffnung, und diese endete kurz darauf in einer Höhle. In der Mitte stand hier ein großer Stein, anscheinend als Tisch gedacht, und darum herum weitere kleinere, möglicherweise als Sitzgelegenheiten. Was mich am meisten erstaunte, waren viele verstaubte Bücher und natürlich der Zwerg, der überhaupt nicht überrascht war, mich zu sehen; ich glaube gar, er schien mich zu erwarten. Auf dem steinernen Tisch lag ein aufgeschlagenes Buch, und darin blätterte er, ohne mich weiter zu beachten.

Nach einiger Zeit des Schweigens fragte ich ihn, was er denn eigentlich von mir wolle. Er blickte mich mit seinen sehr dunklen, funkelnden Augen an und schmunzelte dabei, als er sagte: «ICH HABE WISSEN FÜR DICH!» Wissen, das ich dringend brauchen würde, sehr altes Wissen, von ihm gesammelt. Er sei Spezialist für dieses Wissen, deshalb sei ich auf ihn gestoßen. Mir war klar, daß der Zwerg gesundheitliches Wissen meinte, und ich freute mich riesig über sein Angebot. Allerdings müsse ich, damit er mir dieses vermitteln könne, sehr oft zu ihm kommen, fügte er noch hinzu.

✳ ✳ ✳

Als erstes begannen wir mit der Körperdiagnose. Er erklärte mir, daß es für mich genauso einfach sei, in einen Körper zu reisen wie in einen Tunnel. Damit meinte er die Diagnosebestimmung, wie ich sie vom *Core Schamanismus* kannte. Solch eine Körperdiagnose findet in einem total veränderten Bewußtsein statt. Bei der gesamten Untersuchung ist es wichtig, daß man sich jegliche Veränderung im Körper genauestens einprägt. Daß es zur gewissenhaften Diagnosestellung äußerster Konzentration und vieler Übung bedarf, ist wohl klar. Eine besondere medizinische Ausbildung braucht man jedoch nicht. Mangel an Übung, oder anders ausgedrückt, Mangel an Kranken – daran fehlte es mir nie –, das Gegenteil war der Fall! Dadurch, daß viele Menschen, die zu mir kamen, schon einen Arzt konsultiert hatten, war es mir möglich zu überprüfen, inwieweit meine Diagnosen zutrafen, nicht ausreichend oder ungenau waren. Kam während einer Diagnoseerstellung ein Problem auf mich zu, so wußte ich, was ich bei der nächsten Begegnung den Zwerg fragen mußte. Im Laufe der Zeit stellte sich bei meinen Diagnosen eine verblüffende Genauigkeit ein.

Bislang konnte ich nur eine Diagnose erstellen, wenn die betreffende Person anwesend war und ich Kontakt zu ihrem Schattenkörper aufnehmen konnte. Nicht alle Menschen, die meine Hilfe suchten, konnten aber zu mir kommen, da sie weit entfernt wohnten.

So fragte ich den wissenden Zwerg, ob er vielleicht eine Möglichkeit der Untersuchung wüßte, wobei der Körper nicht anwesend zu sein brauchte. Er grinste mich an und sagte, daß bei dem System, das er mir vermittele, dies gar nicht notwendig sei. Es seien lediglich Haare der zu untersuchenden Person erforderlich. Mittels ihrer Haare sei es möglich, in den Schattenkörper der Person zu gelangen. Ebenso wie bei einer anwesenden Person könnten so auch Veränderungen gesehen werden, die sich erst in Kürze im physischen Körper bemerkbar machen würden.

Auch hier war ich verblüfft und überrascht, wie einfach alles funktionierte. Ich konnte nun erkennen, wo bei einem Menschen körperliche Störungen waren oder wo solche in Bälde zu erwarten waren, falls dem nicht entgegengewirkt würde. Ferner war es mir möglich, vergangene Krankheiten zu sehen, doch nur, wenn diese Spuren hinterlassen hatten, wie Vernarbungen, oder wenn sie nicht ganz ausgeheilt wurden.

Doch wie konnte ich diesen Menschen nun weiterhelfen? Sollte ich sie an ihren jeweiligen Hausarzt verweisen, der zum einen nur wissenschaftlich anerkannte Untersuchungsmethoden zuließ, zum andern sich gar nicht die Zeit nehmen konnte, sich mit der Problematik auseinanderzusetzen, die die Krankheitsursache darstellte?

Auf diese quälenden Fragen erhielt ich auch Antwort von dem Zwerg. Er erklärte mir, daß es in der Unteren Welt Spezialisten gibt, die ich hier Gesundheitsverbündete nenne. Jeder Mensch hat in der anderen Realität einen solchen Gesundheitsverbündeten, der den ihm zugeordneten Körper bis ins allerkleinste Detail kennt. Von ihm sind auch genaueste Vorschläge zu erhalten, wie Linderung, Besserung oder völlige Beseitigung einer Störung/Krankheit zu erreichen ist.

Diese Vorschläge sind, wie die Diagnosebestimmung, oft recht eigenartig. Um nur einige zu nennen, kann ein solcher Vorschlag sein: die sofortige Umstellung der Ernährung, die Änderung der Lebensweise, das genaue Befolgen von Therapien (z. B. mit Edelsteinen, Farben o. ä.), die gewissenhafte Mischung und Einnahme von Kräuter-Rezepturen, das Ausführen bestimmter Körperübungen und Massagetechniken oder gar die Anweisung, die Psyche aufzubauen. Manchmal war es auch so, daß auf eine Behandlung durch Spezialisten aus unserer Mittleren Welt ausdrücklich hingewiesen wurde.

Der Gesundheitsverbündete kann auch jeweils angeben, woher die Störung kommt oder worauf sie zurückzuführen ist. Dies ist besonders erstaunlich, denn die Ursachen sind oft recht vielfältig. Krankheiten entstehen beispielsweise durch eine völlig falsche Denkweise, durch die Erkrankung der Seele (Unterdrückung der inneren Seelenbilder), durch den Beruf, durch den Umgang mit bestimmten Personen (deren Ausstrahlung), durch Erdstrahlungen, durch das Überhandnehmen des Unterbewußtseins oder durch den Kontaktverlust mit dem Universum. In seltenen Fällen war eine Krankheit auf Verstorbene zurückzuführen und in noch selteneren Fällen auf ein früheres Leben.

Es ist geradezu verblüffend, wie genau der Gesundheitsverbündete die Leiden und deren Ursache kennt. Das Innerste im Menschen wird dabei nach außen gebracht. Leider sind viel zu viele Menschen nicht in der Lage, die Wahrheit zu ertragen.

Schmeichelnde Worte sind ihnen lieber. Genauso wollen viele Menschen selber nichts zur Verbesserung ihres Zustandes beitragen, diese Aufgabe übertragen sie nur zu gerne anderen.

❋ ❋ ❋

Die Vermittlung von Wissen durch den Zwerg ging nach wie vor weiter. Er erklärte mir noch eine weitere Möglichkeit, den körperlichen Zustand zu verbessern und zu heilen: indem man dem geschwächten Körper universelle Energie zuführt. Ich bezeichne diesen Vorgang einfach mit «beamen», da er mit Übertragung von Energie (universeller Energie) zu tun hat.

Der Zwerg zeigte mir eine geeignete Sitzhaltung, in der man am besten diese Energie aufnehmen kann; es ist der Schneidersitz oder einfach ein Sitz mit gekreuzten Beinen. Die Augen sind geschlossen. Mit dem Zeigefinger reibt man die Gegend des dritten Auges etliche Male, bis innerlich ein Blinken oder ein orangefarbenes Licht zu sehen ist. Im Anschluß daran hält man die Arme entspannt seitlich nach oben, die Handinnenflächen zeigen auch nach oben. Dann bittet man um die Energie des Universums. Ist die Bitte ehrlich und für jemand anderen bestimmt, so setzt auch schnell ein Energiefluß ein. Man fühlt die Energie entweder durch starkes Kribbeln oder durch Hitze in den Händen. Nun kann mit der Übertragung begonnen werden. Beide Hände werden an die Fußsohlen der anderen Person gelegt, und der Energiefluß beginnt sich von den Zehen aus nach oben zu bewegen. Nimmt das Kribbeln oder die Hitze in den Händen ab, so ist der Aufladungsvorgang zu wiederholen. Dies kann einige Male praktiziert werden.

Mittels dieser Energie können selbst über Jahre hinweg verursachte Schäden langsam wieder behoben werden. Auch Löcher im Schattenkörper (die eventuell durch Krankheiten entstanden sind) können so wieder verschlossen werden. Natürlich bedarf es hier auch konsequenter Durchführung über einen längeren Zeitraum.

❋ ❋ ❋

Damit war der Lernprozeß in der anderen Welt abgeschlossen. Ich hatte das Basiswissen vermittelt bekommen mit der abschließenden Erklärung, daß weiteres Wissen durch die Anwendung des bereits erhaltenen hinzukommen würde. Nun hatte ich doch tatsächlich auf schamanischer Grundlage aus einer anderen Realität ein für uns neues Heilungssystem geholt.

Von ganzem Herzen bedankte ich mich bei dem Zwerg, der mir scheinbar so selbstlos sein Wissen anvertraut hatte. Ich versprach ihm, ihn, so oft es nur ginge, zu besuchen. Doch er lehnte meinen Dank ab. Vielmehr wies er mich darauf hin, daß es nun an mir wäre, meinen Teil der Abmachung zu erfüllen. Ich verstand nicht, was er meinte.

Welche Abmachung oder welcher Handel war getroffen worden? Ich überlegte und grübelte. Hatte ich ihm zum Dank ein wertvolles Geschenk versprochen? Vielleicht ein Schmuckstück? Ich kam nicht darauf, was er wohl meinen könnte, und deshalb fragte ich ihn höflich, was der Preis sei.

«**Es gibt nur einen Preis dafür, und das ist immer das Wertvollste, womit ein Mensch bezahlen kann, und den fordere ich**», sagte der Zwerg.

Ich dachte angestrengt nach und langsam dämmerte mir, was er damit meinte. Es war meine Seele oder meine Lebensenergie, die er von mir forderte. Schrecklich, das bedeutete meinen Tod. Es ging plötzlich um mein Leben. Ich mußte schnell handeln.

Erwartungsvoll starrte er mich an und wartete auf meine Antwort. Mit einem Riesensatz war ich bei ihm, hechtete ihn an und riß ihn zu Boden. Dann lief ich, so schnell ich nur konnte, aus seiner Höhle und zu meinem Tunnel, gefolgt von meinen Krafttieren. Erschüttert kam ich in unsere Realität zurück.

Der Zwerg machte mir angst, wenn ich nur an ihn dachte. Hatte ich doch nach seiner Auffassung eine Abmachung nicht eingehalten, von der ich wiederum nichts gewußt hatte. Und hätte ich sie gekannt – niemals wäre ich auf einen solchen Handel eingegangen.

Ich wurde das Gefühl nicht los, daß mein Lehrer ganz genau gewußt hatte, welcher Preis für solches Wissen üblich ist. Hatte er mich doch nach unten verwiesen. Ich merkte, daß sich in mir Zorn regte, der immer größer wurde, und in diesem Zustand trat ich ihm dann gegenüber – selbstbewußt wie nie zuvor. Doch ich glaube, daß er meine Gedanken bereits kannte. All meine Vorwürfe mußten aus mir heraus, und er ließ mich gewähren. Sehr ruhig und sogar schmunzelnd erteilte er mir sein erstes Lob. Gelassen gab er mir zu verstehen, ob ich denn durch diese Erlebnisse nicht viel gelernt hätte. Ob ich mich denn auf den Handel eingelassen hätte, wäre mir der Preis bekannt gewesen? Ich wurde merklich ruhiger.

«Wärest du bereits ein Krieger, so hättest du den Zwerg mit Tücke dazu gebracht, dir all dieses Wissen beizubringen, und du hättest bewußt vorgetäuscht, deinen Teil zu begleichen. Aber wärst du ihm so, mit deinem jetzigen Können, entgegengetreten, hätte deine Angst dich eingeschränkt und sehr am Lernen gehindert. Dies wäre weitaus gefährlicher gewesen, denn deine Angst hätte dich verraten, und du wärst nie an die gewünschten Informationen herangekommen», sagte er.

Mein Lehrer hatte mich ganz schön «reingelegt» und das, ohne daß ich auch nur das Geringste bemerkt hatte. Ganz deutlich und unmißverständlich fügte er noch hinzu, daß man *wirkliches Wissen* oftmals stehlen müsse. Der Zwerg würde dies auch so sehen – daß ihm sein Wissen gestohlen wurde. Deshalb würde er mich nunmehr als Gegner betrachten. Vorsicht sei nun sicherlich angebracht, denn er würde bestimmt versuchen, sich seinen Preis zu holen. Es sei eben in den anderen Welten lebensnotwendig, wissen oder abschätzen zu können, wem vertraut werden darf und wem nicht. Genauso, mit wem man sich einläßt und mit wem nicht.

Hilflosigkeit vermischte sich mit Angst und Zorn und verwirrte mich vollends. Doch mein Lehrer machte mir wieder Mut, indem er mir sagte, daß ich im Grunde gar nichts zu befürchten hätte. Ich habe ja schon deutlich gezeigt, daß ich, wenn ich wirklich will, in der Lage sei, den Zwerg zu überwältigen. Dennoch müßte ich stets auf der Hut sein und meine Angst besiegen!

Ich war bereits im Begriff zu gehen, als er mir noch zwei Sätze mit auf den Weg gab, die mir wenigstens ein bißchen halfen, dem bisher Geschehenen Verständnis entgegenzubringen. Er sagte: «Je mehr du den Weg des *Lichts* gehst, desto mehr wird das *Dunkle* versuchen dich einzuholen. Auf diesem Weg wird dir *nichts geschenkt.*»

✸ ✸ ✸

In jener Zeit kam mir des öfteren der Gedanke, mit alledem aufzuhören: Aufzuhören mit dem Reisen, nichts mehr zu wissen über andere Welten, nichts mehr zu erfahren über fremde Wesen. Ich hatte das Bedürfnis und den Wunsch, ein ganz normales, weiterhin einfaches Leben zu führen, ohne mir dauernd bewußt sein zu müssen, daß ich eine gewisse Verantwortung für andere, fremde Menschen zu tragen hatte. Ich war einer ständigen Kraftprobe unterworfen, am Boden zu bleiben und nicht «auszuflippen».

Mich bedrückte, daß ich – außer mit meinem Mann – zu keinem Menschen in meiner Nähe über meine Erfahrungen reden konnte, der in der Lage gewesen wäre, mich zu verstehen. Wer könnte denn schon verstehen, daß Zwerge einen Menschen bedrohen können? Oder wer würde gar glauben, daß man dabei um sein Leben fürchten muß? Ich war sehr froh, daß ich gelegentlich mit Michael Harner sprechen konnte, der meinen Berichten stets großes Interesse entgegenbrachte und viele davon auf Kassette aufnahm, damit nichts verlorengeht.

Im Laufe der Zeit war mir ganz klar geworden, daß sich jeder Mensch aussuchen kann, welchen Weg er gehen möchte. Auch, daß Wissen (Basiswissen) über Schamanismus erlernbar ist, wußte ich nun, doch ebenso, daß *wirkliches, wahres Wissen* einem nur gegeben wird, wenn es das Universum will, wenn es sein soll. Anscheinend wurde ich, unter anderen, dazu bestimmt, ich weiß es nicht. Aber eines wußte ich wiederum doch, daß ich die Schwelle auf meinem Weg bereits überschritten hatte und nun ein Zurückgehen ausgeschlossen war.

Im Alltag vergaß ich fast völlig meinen Gegner wider Willen. Und als Wochen und gar Monate vergangen waren, war ich mir fast sicher, daß dieser mich auch vergessen hatte. Ein folgenschwerer Irrtum, wie sich Jahre später herausstellen sollte.

Für das stückchenweise Herüberbringen des neuen Heilungssystems, das ich *Watange* genannt habe, aus der nichtalltäglichen Wirklichkeit in unsere Realität hatten Gerold und ich über ein Jahr benötigt. In der Folge arbeitete ich die Methode weiter aus, damit *Watange* auch für andere Personen erlernbar wurde. Durch die Tatsache, daß ich das neue Heilungssystem an andere Menschen weitergab, war seine Verbreitung in unserer Welt gesichert. Die andere Seite der Medaille war, daß ich jetzt noch häufiger mit kranken Menschen zu tun hatte. Auch Menschen, die sich nicht mit dem befaßten, was ich zu vermitteln versuchte, baten mich um Hilfe. Zu der Zeit war ich noch davon überzeugt, daß ich aus reiner Nächstenliebe für alle dazusein hatte. Ich fühlte mich ihnen verpflichtet, da ich doch Verbindungen nach «unten» und «oben» hatte. So bemühte ich mich um jeden Hilfesuchenden so, als wäre er das einzig Wichtige.

Die Erfahrungen, die ich machte, und die Erkenntnisse, die ich gewann, waren sehr vielfältig, und zwar nicht nur in bezug auf die Krankheit, sondern auch auf die Personen. So kann ich ohne weiteres sagen, daß viele Menschen die Aufmerksamkeit auf ihren körperlichen Zustand (wie auch auf den geistigen) erst dann lenken, wenn sie krank geworden sind. Einige fangen dann an, sich mit sich selbst und der Krankheit auseinanderzusetzen. Die allermeisten jedoch haben zu ihrer Krankheit bedauerlicherweise eine Einstellung entwickelt, die sie die Verantwortung dafür auf jemand anderen übertragen läßt, wie einen Arzt, Heilpraktiker, Therapeuten, Heiler usw.

Die meisten Menschen, die zu mir kamen, verhielten sich so, bis auf den Unterschied, daß sie häufig bereits woanders Hilfe gesucht hatten. Aber eine Konsultation dort hatte entweder nicht den gewünschten Erfolg gebracht, oder es war gar eine gewisse Mitarbeit vom Erkrankten verlangt worden.

Ich konnte ebenfalls die Erfahrung machen, daß nur ein kleiner Prozentsatz der Heilungsuchenden bereit war, durch eigene Mitarbeit ihren Zustand zu verbessern. Den meisten bereitete selbst das Befolgen der einfachsten Ratschläge, z. B. das Umstellen der Essensgewohnheiten, das Ausführen bestimmter körperlicher

Übungen, der Verzicht auf bestimmte Genußmittel usw., zu viel Mühe. Sicherlich wäre es ihnen lieber gewesen, in regelmäßigen Abständen ihre Krankheit bei irgend jemand abladen zu können und in der restlichen Zeit die alten Lebensgewohnheiten zu pflegen.

Es ist mir ebenfalls aufgefallen, daß sich das Ego bei manchen Menschen durch ihre Krankheit noch mehr aufgebläht hat als vorher. Sie stehen auf dem Standpunkt, daß es außer ihnen nichts Wichtigeres gibt. Besonders sind sie der Meinung, daß derjenige, der sich um sie kümmert und ihnen hilft, für diese Aufgabe auch noch dankbar sein darf.

Wieder andere Menschen haben in ihrem Leben leider gar nichts von Wichtigkeit, und so wollen sie im Grunde auch gar nicht gesund sein. Ihre Krankheit bildet nicht nur die Grundlage für viele Gespräche, sondern für ihr ganzes Leben. Sie vermittelt ihnen das trügerische Gefühl, wichtig zu sein. Manche wieder flüchten sich in Krankheiten aus Furcht vor dem Versagen in Beruf, Arbeit, Beziehung oder, ganz allgemein gesagt, aus Furcht vor dem Versagen im täglichen Leben. Andere flüchten sich in die Krankheit, weil sie untätig und faul sind. Die Gründe, die zu einer Krankheit führen, ließen sich noch beliebig lange fortsetzen. Aus meiner Sicht liegt die Ursache für die überwiegende Anzahl von Krankheiten in *psychischem Ungleichgewicht*. In meiner Eigenschaft als jemand, der versucht zu helfen, mußte ich allerdings immer wieder feststellen, daß man sich nicht beliebt macht, wenn man ehrlich und direkt mit seinen Äußerungen ist. In ihren eigenen Spiegel zu sehen bereitet sehr vielen Menschen äußerstes Unbehagen.

Im Laufe der Zeit wurde Gerold und mir richtig bewußt, daß wir selbst auf der Strecke bleiben würden, wenn wir so weitermachten. Wir konnten weder ein normales, geregeltes Familienleben führen, noch blieb irgendwelche Zeit für uns selbst. Auch die Arbeit, von der wir lebten, wurde beeinträchtigt. So besann ich mich darauf, daß ich weder von meinem Lehrer noch von sonst jemandem, außer von mir selbst, zu dieser Rolle gedrängt wurde. Und so bauten wir diesen Zustand nach und nach ab.

※ ※ ※

Das aus der Oberen Welt und aus der Unteren Welt erhaltene Wissen gehört niemandem und darf auch von keinem Menschen als sein eigen betrachtet und beansprucht werden. Es ist keiner bestimmten Glaubensrichtung zugeordnet und ebenso keiner bestimmten Rasse vorbehalten. Dieses Wissen ist ein Weg, der ins Licht führt und somit zurück zum Wesentlichen.

Die Heilige Pfeife

Nicht lange, nachdem ich das Heilungssystem *Watange* erhalten und seine Techniken weiter verfeinert hatte, bekam ich, wie schon erwähnt, das Angebot, *Shamanic Counsellor* zu werden. Dies klang recht verlockend, und ich freute mich bereits darauf. Doch wie immer, wenn ich wichtige Entscheidungen zu treffen habe, fragte ich meinen Lehrer. Er riet mir, in der Oberen Welt den «Rat der Vier» einzuholen, von dem ich noch nie gehört hatte.

Mein Lehrer führte mich an einen Ort in der Oberen Welt, der einem Tipidorf glich. Auf mehreren der Tipis konnte ich den «Donnervogel» erkennen. Die Landschaft um das Dorf war in dichten Nebel oder in Wolken eingehüllt. In der Dorfmitte befand sich ein kreisförmiger Zeremonienplatz mit einer großen Feuerstelle. In jeder der vier Himmelsrichtungen sah ich einen großen flachen Stein liegen, der anscheinend als Sitzgelegenheit diente. Hinter jedem dieser Steine steckte ein großer Holzstab fest im Boden. In den Holzstäben war eine bestimmte Anzahl von geschnitzten Rillen erkennbar, die mit glänzendem Zwirn umwickelt waren. Jeder Stab war mit verschiedenen Ornamenten versehen. Mein Lehrer und ich begaben uns in die Mitte des Kreises und warteten dort. Ich wußte eigentlich nicht, worauf wir warteten.

Aus den verschiedenen Tipis kamen nun Menschen mit indianischem Aussehen. Unter ihnen waren vier sehr alte Männer mit weißem Haar. Alle vier trugen weiße Kleidung, doch waren ihre Hemden verschiedenfarbig bestickt. Die Farbe der Stickereien war mit der Farbe der Holzstäbe identisch. Mein Lehrer erklärte mir, daß der «Rat der Vier» meine Frage bereits kennen würde, und um sie zu beantworten, würden sie die Heilige Pfeife rauchen. Ich müßte den Rauch ganz genau beobachten, denn stiege der Rauch senkrecht nach oben, so wäre die Antwort auf meine Frage ein Nein, drehe sich hingegen der Rauch spiralförmig nach oben, so wäre die Antwort ein Ja. Die vier Männer umschritten den Kreis einmal gegen den Uhrzeigersinn, und jeder blieb dann bei einer Himmelsrichtung.

Der Vertreter des Südens hatte einen kleinen zierlichen, völlig bestickten Lederbeutel und einen länglichen großen, ebenso bestickten Beutel mit Fransen bei sich. Dem länglichen Beutel entnahm er eine sehr alte wunderschöne Pfeife. Sie war sehr einfach und sehr klar in der Gestaltung. Aus dem kleinen Beutel nahm er eine «Mischung» und stopfte sie mit großer Liebe in den Pfeifenkopf. Mit Glut aus der Feuerstelle wurde sie angezündet und von ihm eingeraucht. Aufmerksam beobachtete ich jede Veränderung seiner Haltung und somit auch der Pfeife. Der Rauch hatte eine rosagräuliche Farbe, und er stieg zweifelsfrei gerade nach oben, ohne den geringsten Kringel. Die Pfeife wurde an den nächsten weitergereicht, und der Vorgang wiederholte sich. Bei allen vier Männern zeigte der Rauch ein deutliches Nein. Als das Rauchen beendet war, verließ ich mit meinem Lehrer respektvoll diesen Platz.

Ich hatte eine deutliche Antwort erhalten!

✿ ✿ ✿

Im alltäglichen Leben standen Gerold und ich vor der Frage, wie wir unseren Lebensunterhalt weiter bestreiten sollten. Aus dem Betrieb der Verwandtschaft hatten wir uns schnellstens zurückgezogen, und unsere jetzige Tätigkeit war erst im Aufbau. Um die finanziellen Lücken zu schließen, übernahm ich einen Job. Die Welt, in der ich mich nun bewegte, stand in solch krassem Gegensatz zu den anderen Welten, daß ich nach wenigen Monaten dort aufhörte. Außerdem war in mir der Wunsch noch stärker geworden, handwerklich zu arbeiten. Wir lernten, uns finanziell noch mehr einzuschränken und wirklich auf vieles zu verzichten.

Wie bei allen Lehren und Lernprozessen schwand mit der Zeit dieses Problem, wenn auch sehr langsam. Unsere handwerklichen Erzeugnisse fanden großen Anklang und Gefallen. Auf der anderen Seite kamen Seminarhäuser auf mich zu und boten mir an, bei ihnen Kurse zu geben.

Pfeile des Lichts

Ich konnte mich nun wieder verstärkt auf die anderen Welten konzentrieren, da sich auf der Mittleren Welt offensichtlich alles positiv für uns einpendelte. So besuchte ich meinen Lehrer wieder und fragte ihn, was ich denn weiterhin zu lernen hätte.

An dem Platz, an dem ich meinen Lehrer treffe, besteht auch die Möglichkeit – sofern er es will –, direkt auf unsere Welt zu sehen. Er zeigte mir unsere Welt. Lange Zeit betrachtete ich sie, und sie schien völlig grau zu sein. Wenig Licht war zu erkennen, und der Anblick stimmte mich traurig und betroffen. In dieser Begegnung erklärte mir mein Lehrer, daß es mit zu meinen Aufgaben gehören würde, Licht zu bringen und, so gut ich nur könne, mitzuhelfen, das Gleichgewicht auf der Erde wiederherzustellen. Ich fühlte ganz deutlich, daß dies bitter nötig sei. Aber ich hatte keine Ahnung, wie ich das anstellen sollte. Mein Lehrer half mir aus meiner Beschränktheit.

Wie aus dem Nichts holte er einen kleinen goldfarbigen Köcher, in dem kleine Pfeile steckten, die auch goldfarben waren. Er überreichte mir ebenfalls den dazugehörigen Bogen. Dazu sagte er, daß dies Pfeile des Lichts seien und überall, wo ein solcher Pfeil niedergehe, würde es Licht werden. Ich solle sie verteilen.

Da ich aus der Sicht, die ich hatte, nur Dunkel erkennen konnte, hatte ich überhaupt keinen Anhaltspunkt, wo ich beginnen sollte. Es schien mir hoffnungslos, mit diesen wenigen Pfeilen das Dunkel verändern zu können. Jeder *Krieger*, erklärte er mir weiter, müsse seinen Teil dazu beitragen. So stünde einer der Pfeile dafür, Kurse und Seminare zu geben; denn durch sie würden die Menschen näher ans Licht gebracht. Zwei andere Pfeile stünden für zwei Bücher. Er reichte mir nun auch die Bücher. Das eine Buch war eher dick mit einem bunten, anziehend wirkenden Umschlag und sah recht wertvoll aus. Das andere Buch schien im Vergleich zu diesem dünn, und ich hatte den Eindruck, daß es noch nicht an der Zeit sei, mehr darüber zu wissen.

In meinen Kursen bemühte ich mich von nun an, das weiterzugeben, was ich persönlich oben und unten gelernt hatte, und so änderte sich auch der Inhalt meiner Kurse vom *Core Schamanismus* zu den Erfahrungen *meines* Weges.

Nicht alles, was glänzt, ist Licht

Ich hatte mir schon seit längerem angewöhnt, meinen Lehrer auch aufzusuchen, ohne bestimmte Fragen zu stellen und ohne bestimmte Aufgaben erteilt zu bekommen. Bei einem solcher Besuche fand ich meinen Lehrer nicht an seinem gewohnten Platz. In all den Jahren, wo ich ihn aufsuchte, war er stets dort anzutreffen. Ich vertraute jedoch auf meine Krafttiere, denn ich wußte, daß ich ihn durch ihre Hilfe finden könnte. Ich verließ den Platz durch die große Türe, die sich dort befindet, und wartete.

In der Ferne sah ich eine helle, leuchtende Gestalt, die sich mir näherte. Als sie nahe genug war, erkannte ich, daß sie wesentlich jünger war als mein Lehrer. Zudem war sie sehr gutaussehend. Ihr äußeres Erscheinungsbild erinnerte mich an kitschige Bilder von Heiligen mit Heiligenschein. Mit gemischten Gefühlen wartete ich nun darauf, was mir dieser «Heilige» oder zumindest «Ehrwürdige» mitteilen würde. Vielleicht hatte er eine Nachricht von meinem Lehrer.

Höflich fragte ich ihn, ob er denn wisse, warum mein Lehrer nicht da sei. Strahlend teilte er mir mit, daß mein alter Lehrer nicht mehr für mich zuständig sei, da ein neuer Lernabschnitt für mich beginnen würde. Künftig wäre er für mich zuständig, sagte er mir freudig und umarmte mich sehr liebevoll. Dabei fühlte ich mich aber unbehaglich, denn diese liebevolle und, nach meinem Empfinden, überfreundliche Art stimmte mich eher zurückhaltend. Auch seine äußere Erscheinung weckte in mir nicht die Ehrerbietung, die in einem solchen Fall angebracht gewesen wäre. Dies machte mich andererseits wieder sehr betroffen. Ich hatte ein schlechtes Gewissen! Kam doch da ein Heiliger auf mich zu, vielleicht gar Jesus, und ich hegte ablehnende Gefühle! Lag dies womöglich an meiner nichtchristlichen Erziehung? Ja, bin ich denn noch ganz normal? Ich versuchte krampfhaft, meine Gefühle und meine Gedanken zu verbergen, doch ich wußte ganz genau, daß das nicht möglich war. Gemeinsam gingen wir zu dem Platz der sieben Stühle, wo er mich herzlich verabschiedete.

Von meinem alten Lehrer dachte ich mir, daß dies wieder typisch für ihn sei, sich nicht einmal persönlich von mir zu verabschieden. Erst jetzt merkte ich, daß ich ihn trotz seiner «unmöglichen» Art, mir etwas beizubringen, sehr gern hatte. Ich hatte mich an seine Art des Lehrens gewöhnt und allein der Gedanke, ihn nicht wiederzusehen, stimmte mich sehr traurig und ärgerlich zugleich.

✳ ✳ ✳

Es vergingen einige Wochen, bis ich mich aufraffen konnte, meinen neuen Lehrer zu besuchen. Ich hatte viel darüber nachgedacht, was mir mein alter Lehrer in den letzten Jahren beigebracht hatte. Hatte er mir nicht immer wieder deutlich gemacht, wie wichtig es wäre, etwas, was von großer Bedeutung für einen selbst sei, aufzugeben! Oder, daß sich das Weiche und das Harte immer im Gleichgewicht befinden müßten! Solche Erklärungen halfen mir zu verstehen, daß die Zeit mit ihm vorbei war.

Mein neuer Lehrer war grundsätzlich immer für mich da und ebenso auch für andere. Von ihm erhielt ich nur Lob, aber eigentlich nichts an neuem Wissen. Aufkommende Bedenken zerstreute er, indem er sagte, jetzt sei eine Vorbereitungszeit für das Neue, das auf mich zukommen würde. Ich glaubte es auch ohne den geringsten Zweifel.

Die Zeit verging schnell, und nach einem halben Jahr waren die letzten negativen Gefühle ihm gegenüber verschwunden. Ich hatte mich an seine Liebenswürdigkeit gewöhnt und fühlte mich für die anfängliche Ablehnung irgendwie beschämt. Ich besuchte ihn nun oft auch ohne eigentlichen Grund.

Eines Tages schlug er mir vor, mein Überbein, das sich zwischenzeitlich wieder gebildet hatte, zu heilen bzw. zu entfernen.

Eigentlich bereitete es mir im Augenblick keinerlei Schwierigkeiten oder Beschwerden, und so überraschte mich sein Angebot sehr. Doch ich dachte mir, wenn er mir schon seine Hilfe anbietet, warum sollte ich sie dann nicht annehmen. Noch dazu hätte er sehr gern, daß es entfernt wird. Möglicherweise würde ich dadurch später auftretenden Beschwerden entgegenwirken.
Wir mußten für die «Operation» an einen geeigneten Platz gehen. Er war dem Platz mit den sieben Stühlen sehr ähnlich. Nur wirkte es hier grau und nicht sehr einladend. Wir befanden uns jedoch auf der gleichen Ebene in der Oberen Welt. An diesem Ort war lediglich ein riesiger Stein zu sehen, sonst nichts. Er wies mich an, mich vor dem Stein niederzuknien und die Hand mit dem Ganglion locker auf den Stein zu legen. Die Augen sollte ich dabei geschlossen halten. Ich befolgte seine Anweisung, verspürte jedoch ein äußerst unangenehmes Gefühl. Ein Gefühl, das ich nur mit tiefstem Unbehagen beschreiben kann. Es wurde immer dunkler, und schwarze Gewitterwolken schienen sich mir von hinten zu nähern. Ich fühlte, daß der Lehrer hinter mir stand.

Ich weiß nicht warum, aber es drängte mich plötzlich, nach hinten zu schauen. Was ich sah, war schrecklich! Der liebevolle, leuchtende Lehrer hatte sich in einen häßlichen Dämon verwandelt, und nur sein weißes Gewand erinnerte daran, was er noch vor kurzer Zeit verkörpert hatte. Sein Gesicht und sein gesamter Ausdruck waren unbeschreiblich gräßlich. In der Hand hielt er ein blitzendes Beil. Seine Absicht zu erkennen war nicht schwer!

Doch zur Ausführung seiner Absicht kam er nicht, denn durch meinen alten Lehrer hatte ich gelernt, in lebensbedrohlichen Situationen die Kräfte des Donners und des Blitzes (Donner- und Blitz-Medizin) zu Hilfe zu nehmen. Der vermeintliche «heilige» Lehrer oder der Dämon zerfiel buchstäblich, und alles, was außer seinem Gewand übrigblieb, war ein Häufchen Asche.

Als ich etwas verstört diesen Platz verließ, kam mir schmunzelnd mein alter Lehrer entgegen. Ich war froh, ihn zu sehen, blieb jedoch verunsichert stehen, ungewiß, ob er es auch wirklich sei. Seine Augen funkelten wie eh und je. Er blieb vor mir stehen und sagte:

«Nicht alles, was glänzt, ist Licht!»
Ferner fügte er hinzu, daß dies immer gelten würde, wenn man sich mit Mächten und Kräften einließe – ganz gleich in welcher Welt. Mir war eine Lehre erteilt worden, die ich sicherlich nie vergessen werde. Ich war sehr glücklich, nun wieder ihn als Lehrer zu haben. Dieses Erlebnis trug auch dazu bei, mir zu helfen, solche Menschen zu erkennen, die von sich glauben, *licht* zu sein, im Innern jedoch eher *dunkel* sind.

✳ ✳ ✳

In der Mittleren Welt wurde ich bald danach mit einer ähnlichen Situation konfrontiert. Eines Tages rief mich eine Frau an und erbat meine Hilfe. Sie würde von ihrem Mann, von dem sie schon seit Jahren getrennt lebte, mittels «Magie» krank gemacht werden. Nicht nur sie, sondern ihr ganzes Haus wäre seinen Angriffen ausgesetzt. Geschäftliche Mißerfolge wären ebenfalls Auswirkungen seiner Angriffe. Ich empfand dies äußerst merkwürdig, sagte ihr aber zu, daß ich eine Körperdiagnose machen würde. Dabei stellte ich fest, daß der Schattenkörper teilweise nicht in Ordnung war. In der Herzgegend war ein großes Loch zu sehen, der gesamte Schattenkörper war teils bläulich bis violett, teils grau bis schwarz. In der Gegend des Nabels war keineswegs etwas Strahlendes, sondern nur ein nebeliges Grau.

Ich konnte von mir aus keine gesundheitlichen Ratschläge bringen, und so befragte ich meinen Lehrer. Er sagte mir, daß der Mann dieser Frau, den sie verdächtigt hatte, in keiner Weise etwas mit ihrem Zustand zu tun hätte. Vielmehr würde all das, was die Frau herausschicke, wieder auf sie zurückkommen. Helfen könnte sie sich selbst, indem sie lerne, wieder ins Licht zu kommen. Bestimmte Übungen, wie eine Lichterkuppel um sich herum aufzubauen, würden sicher helfen, ihren körperlichen Zustand zu verbessern. Ich sollte ihr, so mein Lehrer, einen Weg aufzeigen, damit sie sich selber helfen könne.

Ich gab die mir aufgetragenen Informationen an sie weiter, und sie nahm diese zu meiner Überraschung bereitwillig an. Umgehend besuchte sie einen von mir angebotenen Basiskurs und ging mit festem Willen daran, ihren Zustand zu ändern. Das gelang ihr so verblüffend schnell, daß ich wirklich erstaunt war. Vielleicht trugen auch ihre früheren spirituellen Erfahrungen aus dem Zen-Buddhismus dazu bei. Sie besuchte unter anderem meinen Kurs über das Heilungssystem *Watange*. Dieses System konnte sie in ihrer Praxis als Heilpraktikerin bestens einsetzen.

Im Laufe eines Jahres hatte sie sich außerordentlich viel Wissen einverleibt und mit allerlei Technik vertraut gemacht. Ab und zu rief sie mich an, um mir mitzuteilen, wie fortgeschritten und wie gut sie nun in der Erstellung von Körperdiagnosen auf der Basis von *Watange* sei. Dadurch könne sie jetzt auch ein höheres Honorar von ihren Patienten verlangen, was mich wiederum mißtrauisch stimmte. Hinzu kam noch, daß ich ihrem «Sehen» nicht ganz vertraute, denn der gesamte Zeitraum der praktischen Anwendung schien mir zu kurz. Auch fiel mir auf, daß sich das Verhalten der Frau mehr und mehr wieder änderte; ich fand, nicht gerade zum Positiven.

Deshalb bat ich auf einer meiner Reisen meinen Lehrer, mir ihr Verhalten zu erklären. Er meinte, daß sie eine sehr gute Gelegenheit erhalten hätte, einen lichten Weg zu gehen und dadurch auch ihren gesundheitlichen Zustand zu verbessern. Zu Beginn des Weges hätte sie das Dunkle auch nahezu verdrängt, doch ihr Ego hindere sie nun daran, diesen Weg weiterzugehen.

Mein Lehrer führte mich zu einem großen Spiegel. Aus diesem Spiegel trat eine sehr große Frau heraus und kam auf mich zu. Ich erkannte, daß es besagte Frau war, nur viel, viel größer. Sie saugte mich förmlich ein, und ich rutschte durch ihren gesamten Körper, genauer gesagt, den gleichen Weg, den die Nahrung nimmt, bis ich am After wieder herauskam. Danach war sie auf ihre ursprüngliche Größe zurückgeschrumpft, nicht größer als ich.

Ich verstand das Beispiel meines Lehrers überhaupt nicht. Er erklärte mir, daß sich diese Frau mit dem erhaltenen Wissen so aufblähte, wie ich sie im Spiegel gesehen hätte, doch könnte sie nicht damit umgehen. Sie hätte sich zwar alles einverleibt, doch wäre das Ergebnis schlicht und einfach «Scheiße». Dieser Ausdruck ließ mich wohl sehr betroffen aussehen, denn mein Lehrer lachte nun so richtig herzlich. Es war das erste Mal, daß ich ihn so lachen sah. Ich fand dies keineswegs so lustig.

Dann setzte sich mein Lehrer und zeigte mir etliche hauchdünne, glasähnliche Kugeln. Diese Kugeln nahmen an Größe zu, bis sie den Durchmesser eines gestreckten Arms hatten. Dann nahm er eine lange Stricknadel und brachte eine Kugel nach der anderen zum Platzen, indem er lustvoll und kräftig zustieß. «Sieh genau zu», sagte er, «diese Frau wird platzen wie diese Kugeln.»

Nach dieser Reise rief ich sie an, um ihr freundschaftlich mitzuteilen, sie möchte doch vorsichtiger mit ihren Erfahrungen umgehen, doch sie war so von sich eingenommen, daß sie mir nicht zuhören konnte.

Auch diese Erfahrung bestätigt, daß man ständiger Versuchung ausgesetzt ist, sobald man anfängt, Wissen zu erhalten.

Der Unfall

An einem wunderschönen, sonnigen Feiertag hatte ich mir vorgenommen, so richtig zu faulenzen und nur die Sonne zu genießen. Das konnte ich mir äußerst selten erlauben, und so freute ich mich um so mehr darauf. Doch es sollte nicht sein, denn das Telefon klingelte, und eine Hiobsbotschaft wurde mir mitgeteilt. Ein sehr lieber Freund hatte in der vergangenen Nacht einen Autounfall gehabt und war dabei tödlich verletzt worden.

Ich äußerte Gerold gegenüber, daß er womöglich doch nicht tot sei, denn ich konnte und wollte es einfach nicht glauben. Dieser Gedanke ließ mich nicht mehr los. Was konnte ich denn jetzt tun, fragte ich mich selbst. Ich beschloß, meine Trommel zu holen und zu trommeln. Dabei wollte ich Herbert, so hieß der Freund, so viel Energie zukommen lassen, wie ich nur konnte.

Ich saß im Schneidersitz und trommelte wohl schon eine ganze Zeitlang, als ich bemerkte, daß sich der Trommelrhythmus änderte, ohne daß ich es steuerte. Meine Trommel klang nicht wie üblich, sie war ganz einfach völlig verändert. Ich schloß die Augen mit der Absicht, Herbert zu visualisieren, konnte mich aber nicht auf sein Bild konzentrieren. Ich hatte das Gefühl, in einen veränderten Bewußtseinszustand zu rutschen. Ich fühlte nun nicht mehr, ob ich trommelte oder nicht, zudem hörte ich mehrere Trommeln gleichzeitig.

Ich war in der nichtalltäglichen Wirklichkeit und wußte, daß ich mich auf die Suche nach ihm machen konnte und auch mußte. Ich begann ihn in seinem elterlichen Haus zu suchen, aber ohne Erfolg. Irgendwie hatte ich das schon geahnt, und ich ließ mich von meinem Gefühl weiterleiten. So kam ich zu einem Krankenhaus, das ich kannte. Ich betrat es, ging in den Keller, dort einen langen Korridor entlang, bis ich zu einer doppelten Glastüre kam. Durch diese Türe kam ich in einen weiteren Raum. Ich wußte, daß ich hier Herbert finden würde. Und dann sah ich ihn auch ganz deutlich. Er lag auf einem tischähnlichen Gestell, ich könnte auch sagen, es war eine hohe Bank, wie eine Massagebank. Die Oberfläche war aus schwarzem Material.

Ich blieb neben ihm stehen und betrachtete ihn längere Zeit. Zu meinem eigenen Erstaunen sah ich plötzlich zwei Herberts. Einer lag auf dem Tisch, der andere, sein Schattenkörper, richtete sich auf und setzte sich neben den liegenden Körper und stützte den Kopf in seine Hände. Ich hatte den Eindruck, daß er selbst nicht wußte, was genau geschehen war. Ich versuchte, mit ihm Kontakt aufzunehmen, indem ich immer wieder auf ihn einsprach. Und plötzlich hatte ich eine Art von Verbindung.

Was nun geschah, hätte ich weder erwartet, noch kann ich es genauer erklären. Als hätte ich Zugang zu seinem Gedächtnis, sah ich nun wie in Zeitlupe einen Film ablaufen. Ich sah Herbert in einem sehr flachen Sportwagen als Beifahrer sitzen. Am Steuer saß ein mir nicht bekannter etwas jüngerer Mann. Das Auto selbst hatte eine leuchtend rote Farbe. Herberts Bekleidung war sehr deutlich zu erkennen: Hawaiihemd, leichte graue Hose und Trenchcoat. Sie fuhren sehr schnell in eine Kurve und gerieten an eine Leitplanke – ein heftiger Aufprall und der Film war zu Ende. Wahrscheinlich hatte Herbert nichts mehr miterlebt, zumindest nicht bewußt.

Ich fühlte, daß es nun meine Aufgabe war, ihn von diesem unangenehmen Ort wegzubringen. Ich bot ihm an, er solle mit mir in die Obere Welt gehen, selbstverständlich unverbindlich. Dazu gab ich ihm noch das Versprechen, daß ich ihn, wenn es ihm oben nicht gefallen sollte, wieder hierher zurückbringen würde. Sein Schattenkörper folgte mir, und schon nach dem ersten Teil der Reise nach oben wirkte Herbert wesentlich weniger deprimiert als vorher. Im weiteren Verlauf wurde er zunehmend lustiger, und nach kurzer Zeit war er eigentlich wie immer. Nachdem wir die erste Ebene durchschritten hatten, erklärte ich ihm, er solle nun allein weiter nach oben gehen. Er ging auch und blickte sich im Gehen noch einige Male um, während er sich immer weiter entfernte. Ich verweilte noch so lange an dieser Stelle, bis ich ihn nicht mehr sehen konnte.

Zurück in dieser Realität fragte Gerold mich als allererstes, was für eigenartiges Trommeln ich denn geübt hätte. Ich erzählte ihm von meinem Erlebnis, und wir waren beide ziemlich durcheinander für den Rest des Tages.

Im Verlauf der nächsten Tage erfuhren wir, daß die erhaltenen Informationen stimmten, mit einer Ausnahme. Der jüngere Mann, den ich am Steuer des Autos gesehen hatte, behauptete, daß nicht er, sondern Herbert gefahren wäre. Beim Eintreffen der Polizei wurde Herbert auch auf dem Fahrersitz gefunden. Ich wußte, daß diese Behauptung nicht stimmte.

Einige Tage später kam Herberts Mutter zu mir. Dies war noch nie der Fall gewesen, und es schien mir fast, als ob Herbert sie geschickt hätte. Sie erzählte mir ihren Kummer und auch, daß es für den Unfallhergang keine Zeugen gab. Sie konnte es nicht fassen, daß ihr Sohn gefahren sein sollte, zumal er und auch der andere Mann betrunken gewesen waren. Herbert hatte eine Kopfverletzung davongetragen, und wäre sofortige Hilfe gebracht worden, wäre diese nicht tödlich gewesen. Herberts Mutter fühlte, daß die Aussagen des eigentlichen Fahrers unstimmig waren.

Ich wollte es nun genau wissen und entschloß mich, das Geschehen, wenn möglich, noch einmal zu sehen. Es gelang mir, und was ich sah, war eine Bestätigung des bereits Geschauten. Ich war mir jetzt völlig sicher über den Ablauf des Unfalls, über Fahrer und Beifahrer, doch konnte ich unmöglich zur Polizei gehen. Ich hatte zwar alles bis ins Kleinste gesehen, doch in der nichtalltäglichen Wirklichkeit.

Ich war ratlos und überlegte, was ich tun könnte. So bat ich meinen Lehrer, mir in dieser Situation doch zu helfen. Er gab mir den Rat, abzuwarten, denn der jüngere Mann würde sich selbst im Netz seiner Lügen so verstricken, daß er am Ende auch entlarvt werden würde. Mir selbst gab mein Lehrer den

Rat, mich nur als Beobachter zu fühlen, der zwar viel weiß, aber dennoch schweigen muß. Von meiner Seite her konnte ich Herberts Mutter nur Mut zusprechen, daß die Gerechtigkeit letztlich doch siegen werde. Nach über einem Jahr wurde dann aufgrund von verschiedenen Sachverständigen nachgewiesen, daß der tödlich Verletzte nach dem Unfall auf den Fahrersitz gezogen worden war.

Mein Lehrer erklärte mir weiter, daß nichts an Ereignissen und nichts an Wissen jemals verloren geht. Alles wird im «Fluß der Zeit» gespeichert, und hat man gelernt, in diesen Fluß einzutauchen, so kann jedes Erlebnis und alles Wissenswerte nochmals gesehen werden. Dieser «Fluß der Zeit» ist nur ein Begriff. Es hat nichts mit Wasser oder einem Fluß zu tun, wie wir sie in unserer Mittleren Welt kennen. Das Eintauchen in den «Fluß der Zeit» wäre außerdem nützlich, um Störungen hilfesuchender Menschen zu finden und aufzudecken, deren Ursachen unter Umständen sogar in vergangenen Leben wurzeln.

Kämpfen wie ein Krieger

Im Alltag hatte ich ein volles Programm in allen Realitäten zu bewältigen, mein Arbeitstag begann früh am Morgen und endete spät nachts. Dabei vergaß ich, wie schon einmal, auf mich selbst zu achten und die Auswirkungen folgten bald. Ich bekam Sodbrennen und schob diese Beschwerden auf Streß. Ich versuchte sie durch Schonkost zu beseitigen, was mir allerdings nicht gelang. Ein hinzugezogener Heilpraktiker brachte auch keinen Erfolg. Seine Hauptdiagnose bestand in erster Linie darin, daß ich mir zuwenig Zeit für mich selbst nähme – Freizeit wohlgemerkt. Ich selbst lehnte für mich den Zustand des Krankseins erstmals ab, da ich weiß, daß ich in einem solchen Fall meine Energiereserven vollends aufzehren würde. Ich machte eigene Heilversuche mit Kamille-Rollkuren, mit Kristall-Therapie und noch anderem, doch auch nach zwei Monaten war immer noch keine Besserung eingetreten.

Das Schlimme an diesem «Sodbrennen» war, daß es mir auf ganz sonderliche, schleichende Weise Energie zu nehmen schien. Wegen dieses Energiemangels war es mir auch nicht möglich, meinen Körper zu «zerstören», wie ich es gelernt hatte. Bei einer Körperdiagnose hatte ich festgestellt, daß mein Hals, der mir beim Schlucken besonders Beschwerden bereitete, gerötete Stellen aufwies. Auch die gesamte Speiseröhre schien entzündet zu sein. Beim Magen selbst hingegen konnte ich nichts Außergewöhnliches feststellen, und so tippte ich auf eine Magenübersäuerung.

Eigenartigerweise war auch zum ersten Male, seit ich mich mit schamanischem Reisen befasse, mein Tunnel zugeschüttet und mir sozusagen versperrt. Ich schob dies auf meinen schlechten Gesundheitszustand. Da ich meinen Lehrer nur in äußersten Notfällen für mich um Hilfe bitte, entschloß ich mich, in unserer Realität einen Arzt aufzusuchen. Er verordnete mir sogleich säurehemmende Medikamente und Magentabletten, die ich auch einnahm, genau nach seinen Empfehlungen. Mein Zustand besserte sich jedoch in keiner Weise, im Gegenteil, er verschlimmerte sich mehr und mehr. Ich suchte eine Geistheilerin auf und bemühte mich ebenfalls, durch Fußreflexzonen-Therapie eine positive Veränderung herbeizuführen. Als dies alles nichts half, gestand ich mir ein, doch ernster krank zu sein.

Ich versuchte die Ursache meiner Erkrankung zu ergründen. Hatte ich mich irgendwann in den letzten Jahren durch den Umgang mit Kranken angesteckt? Hatte ich mich nicht genügend abgeschirmt? Konnte diese Krankheit gar meinen Tod herbeiführen und ich die letzte große Reise antreten? Obwohl ich viel über das Sterben gelernt und in meinen Seminaren stets darüber als von etwas ganz Natürlichem gesprochen hatte, so bedrückte es mich doch arg. Da sich meine Magenschmerzen stetig verschlimmerten, entschloß ich mich, keinerlei Tabletten mehr zu nehmen, zumal vor deren Einnahme die Schmerzen weit geringer waren.

Ich begann nun, mich nur noch auf mich selbst zu konzentrieren. Alle Tätigkeiten, die ich als unwichtig empfand, gab ich weiter. Mir war, als würde ich mich innerlich auf etwas vorbereiten, das unweigerlich auf mich zukommen mußte. Ich wußte jedoch nicht, was es sein würde.

Mein sonst für mich typisches aufgeladenes Temperament hatte sich gewandelt in ein ruhiges, schlaffes, energieloses Temperament – und ich fühlte mich auch so, einfach leer. Ich war den unterschiedlichsten Stimmungen plötzlich unterworfen – ein unerträglicher Zustand.

Ich entschloß mich, nun doch meinen Lehrer zu besuchen und ihn um Hilfe zu bitten. Lange schon hatte ich keine Reise mehr zu ihm gemacht, da ich mich ständig so kraftlos fühlte.

Wie immer wußte mein Lehrer natürlich genau Bescheid. Er erklärte mir, daß ich von jetzt an nicht nur den Weg des Kriegers

Auf dem Weg des reinen Herzens

zu gehen hätte, sondern daß es an der Zeit sei, selber zu kämpfen: Die «Zeit des Krieges» sei für mich angebrochen. Ich solle mich keinesfalls so gehen lassen, sondern mich dem stellen, das mich bedrohe. Er fragte mich, warum ich denn nicht das einsetzen würde, was ich bisher von ihm gelernt hätte. Er würde nicht für mich handeln.

Wie konnte ich noch mehr gegen dieses Kranksein ankämpfen? Im Normalfall würde ich in die Untere Welt gehen und um Hilfe ersuchen, doch ich konnte einfach nicht durch meinen Tunnel. Auch der Kontakt zu meinen Krafttieren war gestört. Mir war schon klar, daß dies die Ursache für meine mangelnde Kraft und für meinen schlechten körperlichen Zustand war.

Mein Lehrer sagte mir noch, ich hätte einen Gegner, der die Krankheit verursachen würde.

Welchen Gegner? überlegte ich mir. Alle nur möglichen Menschen, die mir irgendwann begegnet sind, gingen mir durch den Kopf, besonders solche, denen ich die dafür erforderliche Kraft zutrauen konnte. Wem sollte es denn ein Anliegen sein, mich krank zu machen? Wer sah mich als Gegner an? Wem war ich ein Dorn im Auge? Waren es vielleicht gar Schamanen bestimmter nordamerikanischer Indianerstämme, die glaubten, ich dürfe dieses Wissen – ihr Wissen – nicht weitergeben? Doch ich wußte ganz genau, daß es nicht ihr Wissen ist, sondern das Wissen von oben, daß jedem ernsthaft Interessierten zuteil werden kann. Ich zerstreute diese Gedanken, denn sie waren einfach zu absurd. Über Tage hinweg überlegte ich weiter nach irgendeinem Hinweis auf meinen Gegner. Ich kam nicht darauf.

Auf einer weiteren Reise zeigte mir mein Lehrer, daß meine Krafttiere nicht mehr direkt mit mir in Verbindung standen und ich eigentlich auch nur noch wenig Lebensenergie hatte. Er sagte mir, daß mir mein Gegner in wirklich allem haushoch überlegen wäre, und ich müßte mich nun ernstlich bewähren. Es wäre außerdem kein Mensch, wie ich immer angenommen hätte, sondern jemand, der stets auf die passende Gelegenheit gewartet hätte, daß der noch offene Teil einer Abmachung eingelöst werden könnte. Dieser hätte auch den Zeitpunkt sehr gut gewählt, denn durch den täglichen «Alltagsunsinn» – so mein Lehrer wörtlich – hätte ich seinen wohlgemeinten Rat vergessen, stets und immer auf der Hut zu sein.

Ich wußte plötzlich ganz genau, um wen es sich handelte – es war der Zwerg aus der Unteren Welt! Er war auf dem besten Weg, sein Ziel zu erreichen, ja er hatte es schon beinahe erreicht. Mich überkam panische Angst. Ich sah keine Möglichkeit, wie ich gegen ihn kämpfen könnte. Ich wußte auch nicht einmal, wie es ihm möglich war, mir ständig Energie zu stehlen. Er war sogar fähig, mir meinen Tunnel zu versperren, und hatte mich von meinen Krafttieren nahezu getrennt. Ich hatte gar keine Wahl. Ich mußte kämpfen und dabei so perfekt in allem sein, daß ich letztlich den Sieg davontragen würde.

«Zeig ihm, daß du bereit bist zu kämpfen», sagte mein Lehrer, «vor allem weißt du jetzt gegen wen. Die Situation wird sich ändern. Mach ihm deine Absicht klar. Zeige ihm, daß du ein Gegner bist. Kämpfe um das, was dir etwas bedeutet.»

Als erstes müsse ich meinem Gegner in unserer Realität ein Zeichen geben. Ich müsse ihm zeigen, daß ich weiß, daß er ums Haus schleicht und daß ich entschlossen bin, mich wegen seiner Forderung auf einen Kampf einzulassen. Um ihm meine Entschlossenheit zu zeigen, müsse ich draußen vor dem Haus einen bestimmten Gegenstand aufstellen. Er sollte aus zwei eigens dafür gesuchten und bearbeiteten ca. 120 Zentimeter langen, Holzspeeren bestehen, die außerordentlich spitz sein müßten. In diese beiden Holzspeere sollte ich verschiedene Zeichen und Rillen einritzen und in die Rillen verschiedenfarbige Lederbänder, stellvertretend für die bestimmten Himmelsrichtungen, legen. Dann wären einige Federn mit Spezialknoten an den Speeren zu befestigen, und die fertigen Speere sollten, mit der Spitze nach oben zeigend, überkreuzt aufgestellt werden. Das Ganze sollte so schnell wie möglich erfolgen.

Ich begann umgehend mit der Anfertigung. Schon während des Schnitzens spürte ich eine deutliche Veränderung in mir. Die Hilflosigkeit verschwand, und zornige Aggressivität gegenüber dem Zwerg kehrte in mir ein. Mein ganzes Ich schien sich mit

Kraft anzufüllen! War ich bislang immer der Meinung gewesen, ich sei eine äußerst friedliebende Person, so sah ich in mir nun das krasse Gegenteil. Zusehends fühlte ich mich selbstsicherer. Für den zu erwartenden Kampf hatte mir Gerold zugesichert, mir mit all seinen Möglichkeiten zu helfen. Ich hatte weder eine Ahnung, wie ein solcher Kampf aussehen würde, noch wann und wo er zu erwarten wäre.

Noch am selben Tage wurde der «kampfanzeigende Gegenstand» an einem gut sichtbaren Platz vor dem Haus aufgestellt, sehr zur Verwunderung von Nachbarn und Besuchern. Als ich überlegte, wann denn wohl ein Kampf zu erwarten wäre, erinnerte ich mich, daß mein Wohlbefinden nachts am meisten gestört wurde, denn ich wachte oft schweißgebadet auf. So war als nächster Schritt der Bau eines «Schutzschildes» angesagt, der meinen Osten absichern sollte. Ich würde ihn in meinem Schlafraum an einer bestimmten Stelle plazieren, und dadurch würden die nächtlichen Angriffe nicht mehr möglich sein.

Ich begann sofort mit der Arbeit. Dazu benötigte ich Äste von Haselnußsträuchern, die im frischgeschnittenen Zustand kreisförmig gebogen und mit Lederriemen zusammengebunden wurden. Ich brauchte zwei dieser rundgebogenen Reife. Zwischen den beiden spannte ich mit Hilfe einer bestimmten Schnürtechnik eine Trommelhaut ohne Haar. Anschließend zeichnete ich, wie angewiesen, mit Naturfarben (Rote Beete und Safran) bestimmte Symbole auf den Schild und brachte ihn dann an die angegebene Stelle im Schlafraum.

Ein zufriedenes Gefühl stellte sich ein, auch körperlich fühlte ich mich zusehends kraftvoller, meine Energie schien wieder auf das alte Maß anzuwachsen. In den folgenden Wochen pirschte ich, im wahrsten Sinne des Wortes, zu allen möglichen Zeiten ums Haus, um festzustellen, ob sich fremde Energien aus dieser oder anderen Realitäten in der Nähe aufhielten. Alle meine Sinne befanden sich in ständigem Alarmzustand. Meine Krafttiere kehrten auch wie von selbst zu mir zurück, und die Reisen in die Untere Welt waren wieder ohne jegliche Einschränkung möglich. Ich fühlte mich im ganzen hervorragend, meine körperlichen

Beschwerden und Krankheiten waren verschwunden. Angefüllt mit einer unbeschreiblichen Lebensenergie und ungeheurem Lebenswillen war ich für jeden Kampf gerüstet. In diesem Zustand, so sagte mir mein Lehrer, stünde ich da wie ein Sieger, denn durch meine Entschlossenheit und meine Absicht zu kämpfen, hätte ich meinen Gegner sehr verunsichert. Ich müßte aber noch drei weitere Schilde bauen, um alle Richtungen abzuschirmen. Des weiteren dürfte ich mich *nie wieder* so sehr in Nebensächlichkeiten und Äußerlichkeiten der Mittleren Welt verstricken, denn dadurch würde ich meine *weite Sicht* verlieren. Würde ich stets an seine Ratschläge denken, so könnte ich mir viel Ärger ersparen.

Den Ausdruck «Zeit des Kriegens» begann er mir aufgrund dieses Erlebnisses nochmals klarzulegen. So wie ich dabei durch meine Entschlossenheit und Absicht den Kampf vorerst für mich entschieden hätte, genauso müßte ich, mit gleicher Einstellung und gleicher Kraft, für die Mittlere Welt kämpfen. Ich sei noch nicht hart genug – meine Weichheit würde noch überwiegen; doch für einen Krieger ist Gleichgewicht eine unabdingbare Voraussetzung.

Der Zauberstab

Eines meiner Seminare führte mich nach Stromboli, einer wunderschönen Vulkaninsel mit einem noch aktiven Vulkan, der in ungefähr fünfzehnminütigem Abstand tätig ist.
Wir waren eine kleinere Gruppe von etwa zehn Personen und hatten als «Arbeitsplatz» eine Höhle direkt am Strand. Somit hatten wir besonderen Kontakt zur Natur, die hier auf dieser Insel besonders überwältigend war. Unsere Gruppe war sehr harmonisch, und so beschlossen wir an einem herrlichen Nachmittag, zum Krater des Vulkans aufzusteigen und oben vielleicht die Nacht zu verbringen. Jeder Teilnehmer sollte sich den Aufstieg zum Vulkankrater genauestens einprägen, denn es war beabsichtigt, am Tag darauf eine Reise in der nichtalltäglichen Wirklichkeit dorthin zu machen.
Der Aufstieg dauerte ungefähr drei Stunden, und es gab unterwegs einige Besonderheiten, die es erleichterten, sich den Weg einzuprägen. Ich empfand, daß sich irgendwie bei jedem Ausbruch Erde und Luft gleichermaßen aufluden.
Am nächsten Tag begannen wir unsere Reise in der nichtalltäglichen Wirklichkeit. Dabei war es jedem Teilnehmer selbst überlassen, etwas Bestimmtes über den Vulkan in Erfahrung zu bringen. Da ein befreundeter Kursleiter das Trommeln übernahm, das die Veränderung des Bewußtseinszustandes herbeiführt, konnte ich auch diese Reise antreten. Für mich war klar, daß ich durch den Krater des Vulkans einsteigen und nach unten gehen wollte. Diese Gelegenheit war wie geschaffen für mich. Unbeschreibliche Neugierde, welche Kräfte sich wohl in dieser Feuermasse befinden würden, überkam mich.

Nach den ersten Trommelschlägen warteten bereits meine Krafttiere, und gemeinsam rasten, sprangen und flogen wir den Weg bis zum Krater des Vulkans hoch. Ein überwältigendes Glücksgefühl überkam mich, ein Gefühl des Freiseins, das in der alltäglichen Realität höchstens Sekunden andauert.

Als wir noch ein gutes Stück vom eigentlichen Krater entfernt waren, weigerten sich meine Krafttiere, mich noch weiter zu begleiten; für mich ein deutliches Anzeichen dafür, daß das, worauf ich mich einließ, nicht ganz ungefährlich war. Ich verabschiedete mich von ihnen und näherte mich dem Krater. Sehr dichte gelbe, schwefelige Wolkenmassen zogen immerzu aus dem Krater. Sie machten selbst in dieser nichtalltäglichen Wirklichkeit das Atmen fast unmöglich. Je mehr ich mich dem Krater näherte, desto wärmer und auch weicher wurde der Boden unter mir, der aus rundlichen, koksähnlichen kleineren und größeren Stückchen bestand. Ich wußte, daß der Ausbruch des Vulkans in Kürze bevorstand, und vor dem Ausbruch wollte ich eigentlich schon tief im Kraterinneren sein.

Das letzte Stück bis zum Kraterrand war durch die Weichheit des Bodens besonders beschwerlich, und ich robbte auf allen Vieren bis dorthin. Die Dämpfe waren nun eigenartigerweise weniger scharf, dafür war es enorm heiß geworden. Mit den Händen und dem Kopf voraus blickte ich in den Krater, und ich sah enttäuschend wenig. Es wirkte sehr dunkel, fast schwarz, doch dann konnte ich ganz tief unten verschiedene orangene Farben erkennen. Zu diesen Eindrücken hinzu kam noch ein seltsames Rumoren.

Mittlerweile hatte sich der Rhythmus meines Herzens nahezu verdoppelt, zumindest schien es mir so. So nahe am Geschehen wurde es mir jetzt doch etwas mulmig. Ich überlegte, wie ich weiter nach unten käme, denn durch die Tatsache, daß meine Krafttiere mich nicht hierher begleitet hatten, wußte ich im Moment nicht weiter. Mir kam ein Satz meines Lehrers in den Sinn: «**Vernunft und Logik können die Absicht oftmals stören.**»

Ich ließ mich fallen. Wie im Inneren eines riesigen Rohres mit verkohlten Wänden fiel ich mit unglaublicher Geschwindigkeit solange, bis ich einen Aufwind verspürte. Nun ging es nicht mehr weiter, weder nach unten, noch nach oben. Der Aufwind schien in der Mitte des Kraters zu sein und sich dort spiralförmig nach oben zu drehen. So machte ich einen riesigen Sprung zur Seite und landete auf einem Vorsprung, von dem aus ich mich geradewegs nach unten hechtete. Ich landete in einer sich schwerfällig bewegenden Lavamasse, deren Temperatur unerträglich war. In Bruchteilen eines Augenblicks war ich zerschmolzen. Dieser Zustand war mir aufgrund ähnlicher früherer Erlebnisse nicht neu, und obwohl ich mich nicht mehr sehen konnte, war ich doch vorhanden. Die riesige, feurige Lavamasse im Zentrum wurde durch verschiedene Zuflüsse gespeist. Einer dieser Zuflüsse nahm mich auf, und ich ließ es geschehen. Er schlängelte sich weiter nach unten, immer tiefer und tiefer. Ich hatte keinerlei Zeitgefühl mehr.

Als der Lavastrom an einer Steinhöhle vorbeifloß, entfernte ich mich aus ihm und stand am Eingang. Rechts und links vom Eingang befand sich jeweils eine mächtige Steinsäule. Die Höhle selbst war enorm hoch. Sie hatte gigantische Ausmaße. Der Boden war unterschiedlich hoch, in der Mitte des Raumes war der tiefste Platz. Hier stand eine große weiße Plattform, umgeben von vier bis zur Decke ragenden Säulen. In der Mitte der Plattform erkannte ich eine Art Menhir. Von dort sah ich ein völlig fremdartiges Wesen auf mich zukommen. Es hatte die Größe eines etwa fünfjährigen Kindes, der Kopf hatte gewisse Ähnlichkeit mit dem einer Echse, und die Füße hatten Krallen sowie Schwimmhäutchen. Zudem hatte das Wesen noch einen gezackten Schwanz, wie bei einem Drachen. Obwohl ich mich selbst nicht sah, konnte mich das Wesen sehen, denn es gab mir zu verstehen, ihm zu folgen.

Wir gingen auf die Plattform zu und hielten an, als wir vor dem Menhir standen. Ich erblickte einen goldenen Stab, der sich in einer exakt angepaßten Ausbuchtung des Menhirs befand. Der durchwegs goldfarbene Stab verlief nach oben zu in eine nach vorne gedrehte Spirale. Das Spiralende ging in einen gleichfalls goldenen Kopf über, der dem des fremdartigen Wesens glich. Zu Beginn des oberen Drittels des Stabes war ein ungefähr sechs bis sieben Zentimeter breiter Querstab eingepaßt. Es schien, als wäre er aus einem massiveren Material. Genau in der Mitte des Querstabs lag ein ovaler, großer, wunderschöner Lapislazuli.

Das Wesen erklärte mir, daß dies ein Zauberstab sei. Es begab sich auf die Plattform und drehte an dem Querstab, der sich immer schneller um den vertikalen Stab drehte. Dadurch wurde eine sehr klare Schwingung erzeugt, die ungemein schrill war und den ganzen Höhlenraum erfüllte. Die Schwingung war nicht laut, jedoch durchdringend und gewissermaßen ohrenbetäubend. Aus unerklärlichen Gründen war mein Körper plötzlich vollständig sichtbar. Ich fragte das Wesen, ob denn dieser Ton etwas damit zu tun hätte, worauf es mir erklärte, daß man mit diesem Zauberstab in der Lage sei, zu materialisieren und zu dematerialisieren.

Ich bat das Wesen, mir diesen Vorgang nochmals zu zeigen, und wiederum drehte es den Querstab. Urplötzlich befand ich mich direkt am Fuße einer riesigen Pyramide. Nicht weit von mir entfernt sah ich einen Mann, der den gleichen Stab, nur im Kleinformat, bei sich trug. Mit diesem kleinen Stab brachte er riesige Steinbrocken in Bewegung – von einem Platz zu einem anderen!

Zurück in der Höhle fuhr das Wesen mit seiner Erklärung fort. Es sagte, daß Menschen, die bereits für tot erklärt worden sind, mit Hilfe dieses Zauberstabes wieder zurückgeholt werden könnten. Es würde auf unserer Mittleren Welt auch Menschen geben, die um das Wissen und um das Geheimnis dieses Zauberstabes wüßten. Es wäre noch nicht an der Zeit, mehr darüber preiszugeben, aber die Zeit wäre nahe!

Das Wesen drehte nochmals an dem Stab, und ich befand mich plötzlich mitten im Aufwind des Vulkans. Um mich herum krachte es, und wie bei einem Vulkanausbruch die Gesteinsbrocken herausgeschleudert werden, wurde ich auch herausbefördert. Mit meinen Krafttieren zusammen erreichte ich den Ausgangspunkt wieder.

Dieser geheimnisvolle Ton, den der Stab erzeugt hatte, beschäftigte mich noch viele Wochen nach diesem Erlebnis, doch auch ich fühlte, daß ich abzuwarten hatte, um mehr darüber in Erfahrung zu bringen.

2. Teil
Mineralien – die schleichenden Krieger

Helfer aus der nichtalltäglichen Wirklichkeit

Mein Lehrer vermittelte mir nun immer mehr Wissen über das *Kriegen*. In diesem Zusammenhang sprach er viel von Tücke. «Wahre Krieger kämpfen mit Tücke», erklärte er mir, «denn wenn man gelernt hat, mit Tücke zu kämpfen, bemerkt der Gegner oft erst am Ende eines Kampfes, daß ein solcher überhaupt stattgefunden hat.» In der Mittleren Welt könnten Veränderungen auch nur herbeigeführt werden, wenn mit Tücke gegen die Mißstände des *Dunklen* gekämpft würde. Krieger benötigten immer mehr Energie als Durchschnittsmenschen, deshalb müsse sich der Energiepegel auf ein bestimmtes Maß eingependelt haben, denn danach bleibe er stabil. Vor allem müsse ein Krieger gute Verbindungen zu den anderen Welten haben, denn: «**Ohne Verbindungen – kein Wissen!**»

Die Verbindungen zur Oberen Welt müßten genauso gut sein wie die zur Unteren Welt, sie müssen ausgeglichen sein.

Mein Lehrer teilte mir weiter mit, daß ich inzwischen gute Verbindungen in der nichtalltäglichen Wirklichkeit hätte und von dort Unterstützung erhalten würde, und zwar durch die «schleichenden Krieger». Es sei nun an der Zeit, Erster-Hand-Informationen über Mineralien und deren Wesen in die Welt zu bringen. Vieles wirkliche Wissen würde fehlen, und es sei sehr wichtig, daß Klarheit hierüber geschaffen würde; denn vieles im großen Strom der Informationen sei doch in den menschlichen Köpfen entstanden. Mineralien bewirkten Veränderungen, deren Auswirkungen nach außen hin nicht sichtbar seien, sondern nach innen gingen. Diese Veränderung sei «tückisch». Deshalb seien sie Krieger der nichtalltäglichen Wirklichkeit – sie seien Wissen und

Macht zugleich! Wir Menschen könnten durch dieses Wissen manches Problem lösen und unseren Zustand verbessern, deshalb dränge die Zeit.

Dessen sicher, daß ich die Unterstützung der anderen Welten im Kampf gegen das vorherrschende Ungleichgewicht hatte, begann ich zum Wesen der Mineralien vorzudringen. Ich fing mit den Mineralien in meinem Medizinbeutel an. Der Vorgang war ähnlich wie bei anderen Reisen in die Untere Welt, nur hielt ich in meiner rechten Hand das Mineral, über das ich etwas wissen wollte. Ferner trug ich die große Bitte in mir, das Wesen des Minerals in der Unteren Welt finden zu dürfen.

Je nach der Art des Minerals waren die Wege sehr verschieden. Oft führten sie in unterschiedliche Ebenen der Unteren Welt. Die Wesen der einzelnen Mineralien waren sehr fremdartig in ihrer Erscheinung. Das Wissen erhielt ich stets, ohne eine Gegenleistung erbringen zu müssen – bis auf eine einzige Ausnahme. Ich hatte das Gefühl, daß mir das Wissen gern zur Weitergabe vermittelt wurde. Bei vielen Mineralien und Steinen waren die Informationen so umfassend und ausführlich, daß ich mehrere Male das betreffende Wesen aufsuchen mußte, um wirklich nichts von dem erhaltenen Wissen zu verlieren.

Am Anfang schrieb ich jedesmal, wenn ich nach einer Reise in unsere Realität zurückkam, meine Erlebnisse und Informationen auf, später dann sprach ich sie nur noch auf Tonband. Die Zeichnungen, die ich von den Wesen gezeigt bekommen hatte, fertigte ich sofort nach der jeweiligen Reise an. So entstand Seite um Seite. Die einzelnen Wegbeschreibungen habe ich weggelassen, damit die Wirkungsweise und Anwendung der Mineralien und sonstige Ratschläge und Bemerkungen klarer hervorgehoben werden.

Dieses Buch entstand vor allem in engem Kontakt mit dem Universum und durch seine Hilfe. Ich hoffe, daß ich damit dem Leser die Existenz und die Wichtigkeit der anderen Welten für uns näherbringe. Es ist in unserer hektischen Welt oft sehr schwer, sich auf diesen spirituellen Weg zu begeben – und nur wenige beschreiten ihn. Doch auf diesem Weg erhalten wir Hilfe: von

Pflanzen, Tieren, Ahnen und auch den Mineralien. Sie alle stehen uns mit ihrem Wissen und mit ihrer Energie zur Seite. Durch sie können wir wieder ins Gleichgewicht kommen und anderen helfen und dadurch unserer Erde. Wir müssen uns jedoch immer bewußt sein, daß die Energie dieser Helfer uns nur geliehen wird und niemandem gehört. Sie wird uns zur Verfügung gestellt, um Veränderungen durchzusetzen, und sie bleibt, solange wir *reinen Herzens* damit umgehen.

Ich wünschte auch, daß dieses Buch mithilft, zu zeigen, daß Menschen mit all ihren Verwandten (den Tieren, Pflanzen und Steinen) in Harmonie und Liebe auf unserer Mittleren Welt leben können – und vielleicht weckt es in manch einem Menschen, tief im Innern, das Bedürfnis, dieses Gefühl wiederzuerlangen.

Achat (gelber)
Stein des Lichts

Achate strahlen ein hellgelbes, warmes Licht auf ihre Träger. Sie sind deshalb besonders geeignet zur Durchführung von Sonnenübungen, für Lichtmeditationen, zur Bestrahlung des dritten Auges und allgemein zur Licht- und Farbtherapie.

* Sind durch bestimmte Lebenserfahrungen «Löcher» oder Verletzungen im Schattenkörper entstanden, so können diese mit Achaten gut behandelt werden. Für die Behandlung ist eine elektrische Lampe notwendig, in der eine Achatscheibe so angebracht werden kann, daß eine breite Strahlung erzielt wird. Das so erzeugte Licht bringt alle Energiezentren in Schwingung und Harmonie. Die Dauer der Behandlung sollte sich nach dem eigenen Empfinden richten, müßte aber, um Erfolg zu haben, täglich ausgeführt werden. Diese Farbbehandlung ist auch für Babys als Rachitisprophylaxe geeignet. Die Anwendung sollte regelmäßig einmal täglich erfolgen.

* Zur Stärkung des Sonnengeflechts wird eine Mischung aus Leinöl, Kamillenextrakt, Schlüsselblumenextrakt und zermahlenem Achat zubereitet. Diese Mischung wird an der Fußreflexzone des Solarplexus aufgetragen und leicht verrieben. Diese leichte Massage wirkt auch beruhigend auf Magen und Darm.

* Bei Gelenkerkrankungen, die auf mangelnde Gelenkschmiere zurückzuführen sind (z. B. Hüftgelenke, Schulter usw.), sollte die abgebildete Kette über einen längeren Zeitraum getragen werden.

* Eine sichere und gute Keimfähigkeit wird erreicht, wenn Gemüse- oder Blumensamen auf eine Achatscheibe gelegt werden, die sich auf einer hellen Unterlage befindet. Die Samen werden einige Tage zur Aufladung auf der Achatscheibe liegengelassen.

* Zur Behandlung von Zimmerpflanzen, deren Blätter braune Stellen aufweisen, wird zermahlener Achat in gutes klares Wasser gegeben. Dies läßt man 24 Stunden stehen. Mit diesem Heilwasser werden die Pflanzen nun einige Male gegossen.

Empfohlenes Schmuckstück:

- goldfarbenes Material
- spiralförmige Enden, die geschlossen sind
- sieben Strahlen
- verstrahlt gleichmäßig Energie

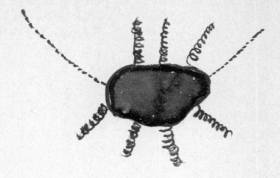

Adventurin
Der Zauberstein

Im Land der Adventurine sieht man grünes Gebirge, moosige Landschaft, sehr tief hängende Wolken und große Schildkröten, Echsen und Saurier.

* Adventurine stehen für Wachstum. Sie sind hervorragend zur Behandlung kranker Bäume geeignet, wirken aber auch wachstumsfördernd im Garten. Gegen Gartenschädlinge legt man sie vereinzelt auf die Gemüsebeete oder um die Beete herum; zur Behandlung von Bäumen legt man einen dichten Kreis Adventurine rundherum.

* Bei menschlichen Wachstumsstörungen wird Adventurin als Schmuckstück oder direkt am Körper getragen.

* Adventurine haben heilende Wirkung bei Gallen-, Nieren- und Darmerkrankungen. Bei Steinleiden trägt man einen Gürtel aus Leinen mit eingenähten kleinen Adventurinstückchen.

* Alpträume können durch Adventurin-Schlafkissen in Lernträume umgewandelt werden. Man füllt dazu Leinenkissen mit Kamilleblüten, Veilchenblättern, Heckenrosenblättern und kleinsten Adventurinsteinchen.

* Auch Schlafstörungen werden durch Anwendung dieser Schlafkissen in tiefen Schlaf umgewandelt.

* Allgemein haben Adventurine eine *entkrampfende* Wirkung. Sie sind noch zu empfehlen für die Gelenke sowie bei Gicht und Sekretabsonderungen.

* Adventurine wurden/werden bei dunkler Zauberei als Geschosse verwendet, um zu töten. Sie werden in der nichtalltäglichen Wirklichkeit sozusagen in den Körper gesetzt.

Empfehlenswerte Schmuckstücke:

Ohrring, hängend, mit einer Fassung aus silbernem Material: Dient zum Hören, was Menschen nicht sagen!

Brosche in einer Fassung aus silbernem oder kupfernem Material:
Dient zum Wachsen auf dem spirituellen Weg!

Ohrstecker:
Für besseres Sehen, wirkt auch heilend bei Augenkrankheiten!

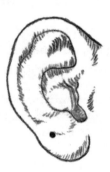

Haarspange:
Als allgemeiner Schutz sehr gut geeignet.

Amethyst
Darin sich Zwerge tarnen

Amethyste sind Steine des Lichts. Sie sind sehr hilfreich, um in tiefe, ruhige Bewußtseinsebenen zu kommen, und stellen eine gute Meditationshilfe dar.

* Amethyste wirken beruhigend und dämpfend. Sie sind empfehlenswert für Menschen, die zu Jähzorn neigen. Ebenso zeigen sie hervorragende Wirkung bei Flugangst. Bei Konzentrationsschwächen und zur Erweckung des dritten Auges sollte ein ungeschliffener Amethyst täglich längere Zeit zwischen den Augenbrauen aufgelegt werden.

* Sie besitzen heilende Wirkung bei Kopfschmerzen aller Art, auch bei Druckgefühl im Kopf. Der Amethyst sollte direkt auf die betroffene Stelle gelegt oder gestrichen werden.

* Für die gesamten Atemorgane bereitet man aus Kamille, Veilchenblüten und einigen Amethysten ein Wasserdampfbad und atmet dies ruhig ein.

* Krampflösend und schmerzlindernd wirken die Amethyste, wenn sie längere Zeit auf das Kreuzbein gelegt werden. Sie beruhigen das Nervensystem und sind darum auch bei Ischiasbeschwerden zu verwenden.

* Hilfreich und von großer Bedeutung sind Amethyste bei Entzündungen der Eierstöcke, bei Ausfluß und Blasenbrennen. Längere Zeit den Amethyst auflegen, wenn nötig mit Pflaster an den betroffenen Stellen befestigen.

* Gegen Neuralgien und Zahnschmerzen wirken Amethyste, wenn sie mit Lavendelzweigen in einem guten Öl angesetzt werden. Sie haben auch eine temperaturausgleichende Wirkung.

Empfehlenswert als Schmuckstücke:

Als Ohrring, für den gesamten Kopfbereich, in Form eines tropfenförmigen Amethystes. Die Fassung spielt keine große Rolle.

Als Armband, rechts getragen, zur Mitbehandlung bei Herzrhythmusstörungen.

Aquamarin
Stein der Wahrheit und Klarheit

Aquamarine haben eine sehr enge Verbindung zu Feenwesen, insbesondere zu Blumenfeen.

Der Aquamarin, in reinem Zustand, ist der beste Stein für unsere jetzige Zeit, da er uns hilft, die verlorenen inneren Bilder wiederzufinden. Ist (durch die Lebensweise) das *innere Schauen* verlorengegangen, so wird der Aquamarin längere Zeit auf das Zentrum des dritten Auges gelegt. Für Personen, die durch Schock oder durch ähnliche Erlebnisse (z. B. Unfall) ihre Vergangenheit (ihr Gedächtnis) verloren haben, ist der Aquamarin sehr hilfreich, da er Blockaden beseitigen kann.

Durch längeres Auflegen wird die Kreativität gesteigert, was besonders förderlich ist für Menschen mit schöpferischen Berufen, wie Dichter, Maler, andere Künstler usw. Für Personen, die bei Vorträgen oder Erzählungen innere Bilder nach außen zu vermitteln haben, ist der Aquamarin ebenfalls ein überzeugender Helfer. Selbst bei Kindern im Schulalter können viele innere Bilder zurückgeholt werden, die durch unsere Realität verdrängt wurden.

Wenn der Aquamarin sehr rein ist und eine himmelblaue Farbe besitzt, zudem eine sich zu einer Spitze verjüngende Form hat oder einen solchen Schliff, so ist er ein idealer Pendelstein.

Sehr positiv ist der Aquamarin auch für Menschen, die dazu neigen, nicht die Wahrheit zu sehen, sondern sich gerne Luftschlösser bauen und sich etwas vormachen. Für streßgeplagte Menschen ist er ideal, da er die innere Ruhe wiederherstellt.

Für Übungen, die die beiden Gehirnhälften spontan anregen sollen, ist der Stein sehr hilfreich. Dies ist bei mongoloiden Kin-

dern zu empfehlen, wo eine Seite des Gehirns nicht voll entwikkelt ist.
Der Aquamarin verhilft zu innerer Ruhe und innerem Frieden!

Gesundheitliche, heilende Wirkungen:

* bei Kopfschmerzen, verursacht durch Verkrampfungen
* bei Schulter- bzw. Muskelverspannungen (verursacht durch Kopflastigkeit)
* körperreinigend, besonders Nieren, Leber, Blase
* unterstützt die Reinigung der Nasen- und Mundschleimhäute (bei Befall von Viren und Bakterien)
* wirkt reinigend auf die Psyche

Bei Schmuckstücken ist wichtig, daß der Stein nie ganz gefaßt wird, sondern nur von einzelnen Stäbchen gehalten wird. Eine optimale Ausstrahlung hat der Stein, wenn er spitz zuläuft – er kann auch spitz zugeschliffen sein.

Beim Auflegen ist der Schliff nicht so wichtig (wie beim Pendel) – es zählt mehr die Reinheit.

Bergkristall
Hüter aller Geheimnisse

Jeder, der mit einem Bergkristall lernen, sehen oder heilen möchte, muß den Stein erst befragen, ob er ihn/sie auch annimmt. Das geschieht mit Hilfe folgender Übungen:

In einer aufrechten Sitzhaltung schließt man die Augen und verlegt seine Aufmerksamkeit auf das Hören. Der Kristall wird nun längere Zeit an jedes Ohr gehalten, und man wartet auf einen Ton. Nach meiner Erfahrung ist das Ergebnis bei jedem Menschen sehr unterschiedlich. Als nächstes legt man den Kristall links an die Innenseite des Ellbogens – wieder mit geschlossenen Augen – und prüft nun seine eigenen Gefühle nach irgendeiner

Veränderung. Anschließend wird der Kristall mit einer Hand an die Herzgegend gelegt, und hier hört man nur auf das, was von ganz tief innen hochkommt. Als letzte dieser Übungen legt man den Kristall auf die Handinnenfläche der linken Hand und läßt die rechte Handfläche genau darüber «schweben». Hierbei empfindet man am deutlichsten, ob der Kristall einem freundlich gestimmt ist oder einen ablehnt – man spürt dies sofort am Körper.

Bei Menschen, die sonst wenig auf die eigenen Gefühle oder auf die von anderen achten, kann es sein, daß die gesamte Übung mehrmals wiederholt werden muß.

Im Schamanismus sind Bergkristalle die kraftvollen Freunde oder Helfer. In der nichtalltäglichen Wirklichkeit verwandeln sie sich oftmals zu mächtigen Wesen, die dem Träger sehr viel Wissen und Kraft übertragen. Sie werden häufig zum Hellsehen, aber auch zum Heilen verwendet. Der Bergkristall, dem man sich am meisten verbunden fühlt, ist im Medizinbeutel des Trägers aufzubewahren und darf niemals einem anderen Menschen gezeigt werden, sonst würde sich die Kraft des Kristalls verändern und an Wirkung verlieren.

* Bergkristalle sind Steine, um Verborgenes zu sehen.

* Augenschwäche, aber auch schlechtes Hören, kann durch ständiges Tragen positiv beeinflußt werden, ebenfalls Nachtblindheit.

* Bei Energieblockaden oder Störungen im Körper werden Bergkristalle an der entsprechenden Stelle öfter und für längere Zeit aufgelegt. Dies ist besonders geeignet, um schwache Energiezentren (Chakren) zu aktivieren.

* Zur Behandlung von Durchblutungsstörungen sollte der Bergkristall einmal rechts an der Innenseite des Handgelenks, anschließend links an der Innenseite des Handgelenks längere Zeit aufgelegt werden.

* Kreislaufstörungen werden durch ständiges Tragen positiv beeinflußt.

* Bei Zerrungen, schmerzenden Gelenken, Meniskusbeschwerden sollte der Bergkristall oft aufgelegt werden.

* Bergkristalle schützen durch ihr klares Licht auch vor negativen Kräften. Dies bezieht sich nicht nur auf Schwingungen, sondern auch auf bestimmte Krankheiten. So sollten Menschen, die bösartige Geschwülste oder Tumore haben, so oft wie möglich den Kristall an die Stelle der Krankheit führen. Bergkristalle saugen solche Krankheiten förmlich ein, sollten aber anschließend ca. 24 Stunden lang in Salzwasser eingelegt werden, damit sie sich der Krankheit entledigen können bzw. gereinigt werden.

  Menschen, die in Krankenhäusern tätig sind, aber auch andere, die mit Krebskranken arbeiten, sollten stets einen kleinen Bergkristall bei sich tragen, um damit Negatives aller Art von sich fern zu halten.

✱ Man sollte sich Bergkristalle in Geschäften oder bei Personen suchen, die sofort eine angenehme Ausstrahlung haben. Am besten sind Orte oder Plätze, an denen die Kristalle nicht zu vielen Kontakten und Schwingungen anderer Menschen ausgesetzt waren. Denken Sie daran, diesen Stein zu reinigen, bevor Sie damit an Ihrem Körper arbeiten.

Empfehlenswert als Schmuckstück:

Eine Pyramide aus Bergkristall – dabei ist es wichtig, daß die Spitze immer nach oben zeigt. Grundsätzlich sollte der Stein nie ganz gefaßt sein, da sonst die Energieabgabe nicht richtig fließen kann.

Chalcedon
Stein des Wetters

Chalcedone haben eine starke Verbindung zu Wind, Regen, Schnee, Donner und Blitz. Gleichzeitig besteht auch eine enge Beziehung zu Wesen, die sich vornehmlich an natürlichen Wildbächen im Gebirge aufhalten. Durch diese Verbindungen hat der Chalcedon sehr positive Wirkungen auf Personen, die unter Wetterfühligkeit leiden (Unverträglichkeit von Föhn, Wind, Höhenlage u. ä.). Körperliche Auswirkungen wie Migräne oder allgemeines Unwohlsein aufgrund nebligen Wetters werden ebenso positiv beeinflußt.

Weitere Anwendungsmöglichkeiten:

✻ bei Thrombosen
✻ bei Venenerkrankungen
✻ bei Erfrierungen
✻ bei Ohrensausen

Menschen, die beruflich im Gebirge zu tun haben, Bergsteiger usw., sollten diesen Stein als Schutzstein bei sich tragen. Zu empfehlen wäre diesem Personenkreis, an unberührten Bergbächen einen Chalcedon als *Geschenk* zu lassen, um die Bergwesen freundlich zu stimmen.

Ferner ist der Chalcedon als Blitzschutz im Haus geeignet. Dazu ist er in unmittelbarer Nähe des Kamins anzubringen.

Der Chalcedon kann lose oder auch als Schmuckstück verarbeitet getragen werden. Wird der Chalcedon aufgelegt, sollte er in *ungeschliffenem* Zustand verwendet werden.

Chrysokoll
Stein des Herzens

Chrysokolle haben in der nichtalltäglichen Wirklichkeit starke Verbindung zu Pflanzen, besonders zu Glockenblütlern. Um diese als Verbündete zu gewinnen, aber auch zu erhalten, sind Chrysokolle als Geschenke angebracht.

Der Chrysokoll ist einer der mächtigsten Steine und deshalb bei falscher Anwendung gefährlich. Wird der Stein über einen längeren Zeitraum getragen, ohne daß man sich seiner Auswirkungen bewußt ist, kann es sehr schwierig werden, diese wieder auszugleichen. So läßt z. B. ein einzelner Chrysokoll, der als

Schmuckstück über längere Zeit getragen wird, das Unterbewußtsein des Trägers deutlich anwachsen, was dazu führen kann, daß es überhand nimmt. Das Unterbewußtsein verfügt somit über die Person – das kann soweit gehen, daß jemand sehr einseitige Entscheidungen trifft, die er im Grunde gar nicht möchte. Dieser Vorgang vollzieht sich so schnell und schleichend, daß der Träger nicht bemerkt, daß sich an seinem Verhalten etwas ändert. Hat man jedoch gelernt, das untere Selbst (Unterbewußtsein), das mittlere Selbst (das Bewußte) und das obere Selbst (Verbindung zum Göttlichen) deutlich zu trennen, so kann man mit dem Stein viel erreichen und ausgezeichnet heilen.

Übung mit einem einzelnen Chrysokoll

Solch eine Übung hat stark reinigende Wirkung auf die Chakren vom Kopf bis zum Nabel. Legt man dazu den Chrysokoll längere Zeit am Schattenkörper über dem Nabel auf, so aktiviert er. Bei spiralförmiger Drehung gegen den Uhrzeigersinn entlädt er, bei Drehung im Uhrzeigersinn lädt er auf.

Übung mit zwei Chrysokollen

Personen, die sich gut unter Kontrolle haben, können sich mit Hilfe von zwei Chrysokollen in einen tiefen Meditationszustand bringen.
  Man sitzt bequem in einem Stuhl. Ein Partner hält einem nun rechts und links unterhalb des Ohrläppchens zum Hinterkopf zeigend je einen Chrysokoll an den Kopf. Durch die eigene Energie werden die Steine aufgeladen. Sie erzeugen einen Schwingungston, der die Gehirnströme durchdringt und den Kopf leer macht. Das heißt, der Ton ersetzt die Gedanken.
  Zwei Chrysokolle haben immer eine Art Magnetwirkung, wie Pol und Gegenpol, wie Yin und Yang. Ein Stein allein hat diese Wirkung nicht. Mit diesem von zwei Chrysokollen erzeugten Schwingungston ist es auch möglich, Unterhaltungen mit Pflanzen zu führen.

Gesundheitliche Auswirkungen:

✻ bei Halsentzündungen, Kehlkopfentzündungen, Mandelentzündungen, Rachenpolypen: Immer zwei Chrysokolle längere Zeit über die betroffenen Stellen halten.

✻ bei Kurzsichtigkeit: Als Ohrstecker rechts und links tragen. Als zusätzliche Übung zu empfehlen: In jede Handinnenfläche wird ein Chrysokoll gelegt, dann die Augen knapp davor halten. Die Augen können geschlossen sein, bei geöffneten Augen wirkt die Farbe der Steine zusätzlich heilend.

✻ bei schmerzenden Weisheitszähnen: Durch gezieltes Auflegen zweier Chrysokolle auf die betroffene Stelle kann schnelleres Durchkommen erzielt werden.

✻ bei Epilepsie: Am Rücken zwischen den Schulterblättern, in Höhe der Brust, rechts und links der Wirbelsäule mit zwei Chrysokollen eine Art leichte Druckmassage ausführen. Dies erzeugt eine magnetische Wirkung und wirkt sich auf die tiefer liegenden Nerven aus.

✻ bei Organschwäche: Mangelnde Tätigkeit der Galle und der Nieren, Magenstörungen und Herzschwäche können mit folgendem Gerät behandelt werden: Es besteht aus Kupferdraht,

drei Chrysokolle werden daran befestigt. Man hält es an dem Haltegriff und legt es direkt auf die zu behandelnden Stellen. Dieses Gerät aktiviert und strahlt und wirkt durch seine Heilungsschwingungen ausgleichend.

Personen, die durch ihren Beruf direkten körperlichen Kontakt zu Menschen haben, wäre anzuraten, sich vor den vielen verschiedenartigen Ausstrahlungen zu schützen. Dazu werden zwei in schlichtes Gold gefaßte Ringe mit einem Chrysokollstein benötigt. Sie werden an den Mittelfinger jeder Hand gesteckt und zwar so, daß der Stein nach innen zeigt. Durch die bereits erwähnte magnetische Wirkung wird man von seinem unteren Selbst geschützt. Es stellt sich sozusagen schützend vor einen.

Empfehlenswertes Schmuckstück:

Das Material der Fassung ist unwesentlich. Durch die dreieckförmige Anordnung der drei Chrysokolle mit nach oben zeigender Spitze wird ein ausgewogenes «Schwingen» erreicht – zwischen dem unteren Selbst (der Unteren Welt), dem mittleren Selbst (der Mittleren Welt) und dem oberen Selbst (der Oberen Welt).

Von Schmuckstücken mit nur einem Chrysokoll rate ich dringend ab. Der Chrysokoll sollte mit größtem Respekt behandelt werden und nicht einfach als Zierde-Schmuckstück verwendet werden!

Citrin
Stein für Liebende

Citrine sind Schutzsteine: Begleiter auf Reisen zu Wasser, Begleiter auf Reisen in der Luft. Sie eignen sich sehr gut als Geschenk für den Partner, den man liebt. Sie strahlen selbst viel Licht und Liebe aus und wirken darum sehr verbindend.

Werden Schmuckstücke aus Citrin verschenkt, sollte darauf geachtet werden, daß sie nicht mit Klebern bearbeitet wurden. Die Fassung selbst soll den Stein halten.

Diese Form wird empfohlen: Die Blätter werden von der Spitze nach innen gerollt. Anschließend wird alles nach unten gearbeitet, so daß eine Art Glockenform entsteht. Darin wird der Stein befestigt.

Aus etwa zehn bis fünfzehn Citrinen kann man sich einen Kreis legen, der dazu dient, einen körperlich und geistig mit Energie aufzuladen. Man setzt sich in die Kreismitte, der Abstand der Steine sollte nicht größer sein als zwanzig Zentimeter. Dieser Kreis läßt auch keinerlei Kräfte (Wesen) mit negativen Absichten durch, er besitzt also zusätzlich schützende Funktion!

Gesundheitliche, heilende Wirkungen:

- bei Schulterblatt-Zerrungen, Verspannungen etc.

- bei Hüftgelenkerkrankungen: Bei der Behandlung massiert man leicht im Uhrzeigersinn die betroffenen Körperteile mit einem Citrin.

- zur Abheilung bei ausschlagbildenden Kinderkrankheiten (z. B. Masern, Windpocken, Röteln). Verhindert Narbenbildung.

- zur Linderung von Juckreiz: Hier legt man einen größeren Citrin längere Zeit auf die unterschiedlichen betroffenen Stellen und streicht dann ab. Nach jeder Behandlung ist der Stein zur Reinigung in konzentriertes Salzwasser zu legen oder direkt in Salz.

- Bei Hautunreinheiten, Akne, besonders in der Pubertät, sollte der Citrin über längere Zeit als Schmuckstück getragen werden.

- Wird man von Alpträumen geplagt, so sollte der Citrin stets unter dem Kopfkissen liegen, denn er schützt davor!

- Insektenstiche, z. B. Wespen, Mücken etc.: Der Stein sollte gleich auf die Stichstelle gelegt werden und längere Zeit mit etwas Druck dort liegen bleiben. Das Gift wird dadurch nach oben zur Hautoberfläche zurückgebracht.

Fluorit
Handel um Wissen

Der Fluorit ist das einzige Mineral, das sich mir nicht ohne Gegenleistung mitteilen wollte. Um zum Wesen dieses Minerals vorzudringen, mußte ich durch mehrere Ebenen der Unteren Welt. Der Weg war beschwerlich, und ich kam an den Eingang einer großen Höhle, die inmitten eines kargen Gebirges lag. Der Eingang wurde von zwei Wächtern bewacht, es wurde mir und meinen Krafttieren jedoch gestattet, einzutreten. Das Höhleninnere glitzerte ähnlich dunkel wie der Fluorit. Die Decke der Höhle war gewölbeartig. In der Höhlenmitte befand sich eine große Feuerstelle, um die drei sehr alte, ungepflegte Frauen saßen. Als ich dort angekommen war, fühlte ich mich äußerst unwohl. Die Frauen hatten keine einladende Ausstrahlung, und ich fragte sie, mit etwas Zurückhaltung, ob sie die «Hüter des Wissens» seien. Eine der Frauen blickte mich an und gab mir zu verstehen, daß dies schon richtig sei. Eine andere fragte mich fast gleichzeitig, ob ich mit dem Handel einverstanden sei. Sofort war mir klar, daß ich mit diesen Frauen keinerlei Handel eingehen möchte, und ich teilte ihnen meinen Entschluß mit. Dann verließ ich so schnell wie möglich diesen Platz.

Hämatit (Blutstein)
Stein des Kampfes

In der Unteren Welt werden die heiligen oder sehr kraftvollen Plätze von Wächtern bewacht. Diese tragen meist Schilde und Speere bei sich und sind nur von halbmenschlicher Gestalt. Sie bewachen oder hüten auch das Wissen der Hämatit-Steine.

Hämatit-Steine tragen als Schutzschild einen nach außen gekehrten Spiegel und nur ein «Sehender» sieht, was sich dahinter verbirgt. So eignet sich dieser Stein sehr gut zur Täuschung, denn er läßt Bilder (Trugbilder) entstehen, die den Träger äußerlich anders erscheinen lassen. So sind sie für Kämpfe unterschiedlichster Art von großer Bedeutung, da sie den Gegner stets verwirren. Befindet sich der Träger des Hämatits jedoch selbst noch nicht in seinem Gleichgewicht, so ist der Hämatit sicherlich nicht der richtige Stein, um es zu erlangen.

Steht der Hämatit-Träger nun tatsächlich unmittelbar vor einer «kriegerischen Absicht» (in Partnerschaft, Beruf, Politik usw.) und möchte seinen Gegner verwirren, so muß der Hämatit durch ein eigens dafür bestimmtes Ritual aufgeladen werden. Hämatite werden nur durch gezieltes Aufladen zu Spiegel-Schutzschilden.

Das Ritual

Für das Ritual werden acht zurechtgeschnitzte kleine Äste benötigt, jeder etwa dreißig Zentimeter lang. Die Holzart ist dabei unwesentlich. Sie werden an einem Ende pfeilähnlich zugespitzt, das andere Ende wird geradegeschliffen, so daß es eine glatte Fläche erhält. In vier der so erhaltenen Stäbe sind unterschiedliche Einkerbungen bzw. Markierungen zu machen.

Ferner wird eine Rassel benötigt oder ein ähnliches Instrument, sowie ein Hämatit in der Größe einer Walnuß.

Am Tag vor einer Vollmondnacht stellt man ein Glasgefäß mit gutem Wasser möglichst über viele Stunden in die Sonne, damit es mit Sonnenenergie aufgeladen wird.

Sind nun alle Vorbereitungen getroffen und spürt derjenige, der das Ritual durchführen will, daß es auch die richtige Nacht ist, so sucht er sich in der Natur den geeigneten Ort. Der erste Platz, der gewählt wird, ist immer der richtige Platz. Der Hämatit wird nun auf die Erde gelegt und soll dann nicht mehr in seiner Lage verändert werden. Nun werden mit vier Stäben die Himmelsrichtungen so gelegt, daß die glatte Fläche den Stein berührt, die Spitze die Himmelsrichtung anzeigt. Die vier anderen Hölzer stellen die vier Elemente, Erde, Feuer, Wasser und Luft, dar – dank der unterschiedlichen Markierungen sind die Stäbe der Elemente gut zu unterscheiden. Zwischen den Himmelsrichtungen werden nun die Elemente plaziert und zwar auch so, daß die glatte Fläche den Stein berührt, die Spitze nach außen zeigt. Alle acht Stäbchen (Ästchen) berühren den Stein.

Nun beginnt man zu rasseln, und zwar gegen den Uhrzeigersinn. Wo jemand beginnt, entspricht seiner Seele. Rasselt man über dem «Feuerstäbchen», so bittet man «Großvater Feuer», seine Energie in das Stäbchen zu schicken und somit in den Hämatit. Dann rasselt man über dem «Luftstäbchen» und bittet die Wesen der Oberen Welt, bei den «Erdstäbchen» die Erdgeister der Unteren Welt, beim «Wasserstäbchen» alle Wassergeister und Wasserwesen.

Man sollte sich genügend Zeit für jedes Element nehmen und mit großem Respekt vorgehen. Die richtige Einstellung ist enorm wichtig – man muß stets daran denken, daß man mit *Mächten* arbeitet und um etwas bittet. Ist dieser Teil beendet, gießt man das aufgeladene Wasser gleichmäßig über das «Rad», das von den Stäben gebildet wird.

Der Hämatit sollte nun in ein Leinensäckchen oder in ein Tuch gelegt werden. Der Kreis aus den Ästchen wird aufgelöst, die Hölzer nimmt man mit und verbrennt sie, wenn sie trocken sind.

Nach diesem Ritual sollte der Hämatit am Körper getragen werden, und zwar über den benötigten Zeitraum, z. B. ungefaßt in der Hosentasche oder als Schmuckstück.

Als Schmuckstück ist umseitige Form empfehlenswert.

✱ Gute Auswirkungen sind mit einem aufgeladenen Hämatit bei bösartigen Krankheiten (z. B. bei Krebs oder anderen zerstörerischen Krankheiten) zu erzielen. Diese Krankheiten sind wirkliche Gegner, und es ist sehr hilfreich, mit den unterschiedlichsten Mitteln dagegen anzukämpfen. Hier sollte das Schmuckstück immer getragen werden – um die Krankheit zu täuschen.

✱ Ein aufgeladener Stein darf niemals weitergegeben werden. Möchte der Träger ihn nicht mehr behalten, so sollte er ihn der Mutter Erde zurückgeben, und zwar indem er den Stein eingräbt.

Heliotrop (Blutjaspis)
Mittler zu Bäumen und Steinen

Der Heliotrop steht in engem Bezug zu Bäumen und Steinen. Deshalb ist er als *Mittler* für Gespräche mit ihnen gut geeignet.

Positive Auswirkungen hat der Heliotrop für den menschlichen Körper insofern, als er für einen ständigen, ausgeglichenen Energiefluß sorgt. Er wirkt hilfreich bei Personen, die sich *erden* müssen.

Der Heliotrop ist auch für Übungen geeignet, die darauf ausgerichtet sind, die erdige Energie und die Energie von oben in sich aufzunehmen und zu vereinen.

Von Bedeutung ist der Heliotrop noch, um Plätze neutral zu halten. Er gleicht unterschiedliche Schwingungen (von unten sowie von oben) aus. Der Heliotrop wird dazu an den Platz gelegt, der neutral bleiben soll.

Durch seine neutralisierenden Wirkungen ist der Heliotrop für jeden Menschen geeignet.

Gesundheitliche Wirkungen:

✽ für den gesamten Energiefluß im Körper (auch in den Organen)
✽ für den Fluß in den Blutbahnen und Nervenbahnen
✽ für den Energiefluß in der Wirbelsäule

Jaspis
Stein der Verwirrung
(grünlich-rötlich)

Das Wissen des Jaspis wird von Baumgeistern behütet. Diese besitzen die Fähigkeit, sich in den unterschiedlichsten Bildern zu zeigen, was den Beobachter oft sehr verwirrt.

Baumgeister haben die Eigenschaft der Unruhe! Ein Aspekt des Jaspis besteht darin, seinen Träger stets in Verwirrung zu bringen. Und nicht nur das – der Träger fällt auch auf Trugbilder herein, zum Teil sehr verführerische, die durch falsches Sehen entstehen.

Ist der Träger des Jaspis labil, so kann dieser ihm mehr schaden als nützen, denn er bringt ihm meist Unentschlossenheit, Unruhe, Unsicherheit und Verwirrung.

Ist der Träger bereits ein gefestigter Mensch, der jedoch durch zuviel logisches Denken eher «kopflastig» geworden ist, kann der Jaspis das starre Denken lockern und helfen, die verlorene Phantasie zurückzubringen. Sehr geeignet ist der Jaspis bei «Phantasiereisen», denn die in einem gespeicherten Bild, auch die der Kindheit, werden wieder wachgerüttelt.

Allgemein gesehen sollte der Jaspis nicht als Schmuckstück getragen werden, grundsätzlich nicht von Menschen ohne Ziel vor Augen, die ohne klare Linie sind.

✽ Gesundheitliche Hilfe bringt der Jaspis bei Verengung der Herzkranzgefäße, bei grünem oder bei grauem Star, bei Augengefäßerkrankungen (hier wirkt er weitend) und bei Gelenkkapselentzündungen (z. B. Ellbogen, Tennisarm).

Zur Behandlung sollte der Jaspis längere Zeit auf die betreffenden Stellen am Körper aufgelegt werden.

Der Jaspis hat keine Auswirkungen auf den Schattenkörper und ist kein Stein zur spirituellen Weiterentwicklung.

Karneol
Zeigt Wasserkraft und Strahlung an

In sehr trockenen Gegenden ist es möglich, mittels einer Karneol-Rute Wasser aufzuspüren. Karneole haben starke Verbindung zu Wasseradern, auch wenn diese sehr tief liegen. Für eine Karneol-Rute benötigt man ein leichtes Holz, das eine natürlich gewachsene Rutenform besitzt. Auf die Spitze der Rute wird mit Lederstreifen ein Karneol gebunden. Sind Wasseradern vorhanden, so zieht der Stein leicht nach unten.

* Mit der gleichen Art von Rute ist es möglich, umzuleiten bzw. abzuschirmen. Sind mehrere Adern vorhanden, werden zwei (oder mehr) Ruten benötigt, um die Strahlung zu zerstreuen.

* Um seine Schlafstätte abzuschirmen, reicht es, unter das Bett eine Karneol-Rute zu legen.

Sind im Garten die Böden zu feucht, so kann man sich mit einem Gebilde aus Kupfer und Karneol helfen. Dieses Gebilde zentriert die Wasserkraft-Strahlung und bringt sie an den Ort in der Erde zurück, von wo sie ausgestrahlt wird.

Zum Bau dieses Gebildes braucht man zwei Kupferschalen (Durchmesser etwa 10 Zentimeter) sowie zwei Karneolsteine und einen stabilen Stock (Holz) von ungefähr einem halben Meter Länge. Jeweils in der Mitte der Schalen wird innen ein Karneol befestigt und der Stock mit den beiden Schalen verbunden. Dann wird das Gebilde aufgestellt (siehe Abb. links).

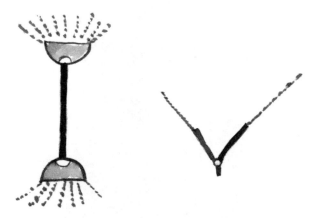

* Körperliche, heilende Wirkung hat der Karneol bei allen Krankheiten, die mit Wasser zu tun haben, z. B. bei Wasser in den Beinen, aber auch bei Blasen- und Nierenleiden.

  Bei diesen Beschwerden sollte die bereits beschriebene Rute als kleines Schmuckstück getragen werden. Als Material kann Holz oder Metall verwendet werden. Wichtig ist vor allem, daß die Spitze nach unten zeigt (siehe Abb. rechts).

* Zur besseren Lagerung von Wurzelgemüsen können einige Karneole dazu gelegt werden. Sie bewahren das Gemüse vor zu schnellem Feuchtigkeitsverlust.

* Auch für Brot zu empfehlen, jedoch ist wichtig, daß es in einem geschlossenen Bereich (Schrank, Brotkasten) aufbewahrt wird.

Lapislazuli
Stein der Macht

Lapislazuli waren und sind auch heute noch Steine von *Wissenden*. Sie haben die Eigenschaft, das zu verstärken, was man ist! Das heißt, wenn der Träger ohne Kraft ist, wird dies auch verstärkt nach außen dringen. Ist der Träger jedoch spirituell entwickelt und hat bereits Verbindungen zu anderen Realitäten (Welten), so wirkt der Lapislazuli auch hier wie ein Verstärker.

Der Lapislazuli hat somit seine ihm eigene Schutzkraft – er schützt sich durch seine Eigenheit vor Mißbrauch.

Lapislazuli haben enge Verbindungen zu allen Erdgeistern. Diese werden, wenn mehrere Steine beisammen sind, regelrecht angezogen. Schmuckstücke, wie zum Beispiel Halsketten mit vielen Steinen, haben oftmals magnetische Wirkung auf sie. Ist der Träger kein Wissender, kann dies sogar gefährlich für ihn werden (Angstzustände, Sehstörungen usw.). Hat der Träger hingegen bereits Helfer oder Verbündete, so werden durch diese Schmuckgegenstände noch mehr Verbindungen geknüpft.

Im frühen Ägypten hatte der Lapislazuli große Bedeutung bei Eingeweihten. Diese waren in der Lage, mittels bestimmter Stäbe, in die Lapislazuli eingearbeitet waren, zu materialisieren und zu dematerialisieren.

❋ Besonders heilend wirkt der Lapislazuli, wenn er am Kopf getragen wird. Früher wurde er oft bei Kopfstirnbändern mitverwendet. Auch in Kronen ist er zu finden.

❋ Empfehlenswert ist der Lapislazuli bei Geschmacks- und Geruchsverlust. In diesem Fall sollte man ihn als Nasenstecker tragen, wie es in Indien üblich ist.

❋ Der Lapislazuli stärkt alle Sinne und wirkt dadurch allgemein heilsam auf den körperlichen Zustand.

Mondstein
Stein der Nacht, des Dunklen

Mondsteine haben nur auf ganz wenige Menschen positive Auswirkungen. Es ist ungeheuer schwierig, mit dem eigentlichen Kern ihrer Wirkung Kontakt oder Verbindung aufzunehmen. Sie haben ein sehr gut ausgearbeitetes Schutzsystem, und nur wenige Personen können es durchbrechen oder sehen.

Mondsteine haben mit der dunklen Seite des Todes zu tun und wurden deshalb mitunter zum Mumifizieren von Verstorbenen benützt.

Diese Steine sind sehr frauenbezogen, und es ist ihnen eigen, alle negativen Seiten der Weiblichkeit zu verstärken und an die Oberfläche zu bringen. Besonders, wenn Frauen auf Besitz Wert legen oder sehr besitzergreifend sind, ist dieser Stein keinesfalls zu empfehlen.

Männern könnte man diesen Stein empfehlen, wenn zu wenig Weiblichkeit in ihnen ist und sie besonders hart sind. Mondsteine würden hier das gewünschte Gleichgewicht herstellen, sie sollten jedoch nie über einen zu langen Zeitraum getragen werden.

✷ Heilend wirken Mondsteine bei Zahnfleischentzündungen oder allgemeinen Entzündungen der Mundhöhle.

✷ Bei Unregelmäßigkeiten der Menstruation können Mondsteine Hilfe leisten. Bei Kinderlosigkeit sollten sie ständig am Körper getragen werden.

✷ Ein alter Zauber, der Männer anzieht: Man stelle vor seinem Haus einen ca. 120 Zentimeter langen Stock auf, der oben eine eingeschnitzte Mulde hat. In diese Mulde wird ein Mondstein gelegt, und zwar bei beginnender Vollmondnacht. Er bleibt dort bis zum abnehmenden Mond.

Obsidian
Verbindung zu Schutzerdgeistern aus der Unteren Welt

In einer der tieferen Ebenen der Unteren Welt befinden sich Wesen, die mit der Energie der Obsidiane in Verbindung stehen. Sie sind von zierlicher Statur und haben für unsere Vorstellung einen zu großen Kopf und zu große Ohren.

Bevor man mit einem Obsidian arbeitet, sollte er aufgeladen werden. Dann ist er vielseitig anwendbar. Die Aufladung geschieht folgendermaßen:

Man stellt abends ein Schälchen mit Zuckerwasser oder ein Schälchen mit reinem Tabak ins Freie, in die Mitte wird der Obsidian plaziert. Durch den Geruch werden die Schutzgeister angelockt und nehmen Kontakt zu dem Obsidian auf.
Es ist abzuraten, Schmuckstücke aus Obsidian zu tragen!

Heilende Wirkung:

✻ Der Obsidian fördert den Energiefluß im Körper und wirkt stärkend auf die gesamte Blutzirkulation.
　Bei Durchblutungsstörungen sollte der Obsidian in die Handinnenfläche gelegt, mit einem Finger der Gegenhand leicht gedrückt und anschließend wieder losgelassen werden – sozusagen eine Art Druckmassage. Die gleiche Druckmassage sollte auch an der Fußsohle im Bereich der Solarplexus-Reflexzone durchgeführt werden.

✻ Bei Erfrierungen sollte der Obsidian an den gefrorenen Stellen auf und ab gerieben werden. Dies aktiviert abgestorbene Zellen.

✻ Bei Venenstauungen wirkt der Obsidian staulösend und bringt alles zum Fließen. Nur sanft von unten nach oben streichen. Auch bei Venenentzündungen so verfahren.

✻ Bei Raucherbein von der Leiste sanft nach unten zum Bein streichen – das regt die Blutzirkulation an.

✻ Sind Energiestörungen in der Wirbelsäule oder Nervenverspannungen entstanden, vom Steißbein die Wirbelsäule entlang nach oben streichen. Auch hier wird der Energiefluß angeregt.

✻ Im Falle von Energiemangel ist es möglich, sich mit Energie aufzuladen. Der Obsidian wird über das Energiezentrum am Nabel gehalten und mit kreisenden Bewegungen spiralförmig im Uhrzeigersinn nach oben geführt. Es erfolgt kein körperlicher Kontakt, nur Schattenkörperberührung!

✸ Der Obsidian ist auch sehr hilfreich für Menschen, die in psychiatrischer Behandlung sind. Bei Verwirrtheit, sogar bei Schizophrenie, bringt er Klarheit. Um dies zu erreichen, wird der Stein längere Zeit in der Handinnenfläche gehalten und eine starke Verbindung mit ihm geknüpft.

✸ «Zauber», um die Schutzgeister für das kommende Jahr freundlich zu stimmen; sie übernehmen dann den Schutz für Haus und Garten: Um sie anzulocken, werden Obsidiane in Verbindung mit Maiglöckchen benötigt. Man pflückt Maiglöckchen, legt die Blätter im Kreis in ein Schälchen (Opferschälchen), zwischen zwei Blätter kommt jeweils eine Blüte. Mitten hinein werden vier Obsidiane gelegt, die sich zur Mitte hin berühren. Dieses Schälchen wird nun an einem geeigneten Platz im Garten aufgestellt. Es bleibt dort über die Jahreszeiten draußen als Geschenk für die Wesen.

Übung, um sich aufzuladen:

Für diese Übung werden vier Obsidiane benötigt.

Man stellt sich mit leicht gespreizten, angewinkelten Beinen (s. Abb.) barfüßig auf je einen Obsidian, der genau an der Stelle liegen sollte, wo sich die Reflexzone des Solarplexus befindet. Die Handflächen zeigen nach oben, die Arme sind gestreckt. In den Handflächen liegt auch jeweils ein Obsidian. Mit geschlossenen Augen beginnt man, seine Konzentration auf den Punkt der rechten Hand zu lenken, an welcher der Obsidian die Handfläche berührt. Anschließend lenkt man die Aufmerksamkeit auf die rechte Fußsohle, ebenfalls an den Punkt, wo die Sohle den Stein berührt. Dann kommt man zum linken Fuß und verfährt ebenso und dann zur linken Handfläche. Durch die Konzentration auf die verschiedenen Energiepunkte entsteht ein rundes Energiefeld, das sich im Uhrzeigersinn zu drehen beginnt (Schattenkörper).

Diese Übung ist täglich dreimal hintereinander zu wiederholen. Nach drei Tagen folgt eine dreitägige Pause. Dieser Rhythmus wird solange durchgeführt, bis 27 Tage verstrichen sind.

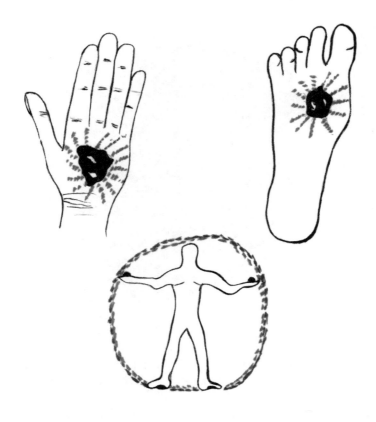

Onyx
Verbindung zu Feuer

Der Onyx symbolisiert die Farben einer Flamme. Er besitzt eine starke Verbindung zum Element Feuer. Wie das Feuer, so hat auch er stark reinigende Wirkung. Er ist Hüter des Feuers, und durch ihn erhält man einen Mittler zum Wesen des Feuers. Aufgrund seiner Reinheit kann er durchaus als «göttlicher» Stein angesehen werden.

Hilfreiche Anwendungen:

✻ Onyxe, die zu einer Spirale gelegt werden, ziehen die gewünschte Verbindung genau zum Mittelpunkt. Die Spirale ist im Uhrzeigersinn zu legen. Zur Schaffung eines Platzes im Haus für rituelle Zwecke ist diese Spirale sehr förderlich.

✻ Um das Haus vor Brand zu schützen, sollte der Onyx in der Mitte des Hauses einen bestimmten Platz erhalten.

✻ Personen, die z. B. politisch engagiert sind, sollten einen Onyx bei sich tragen, denn er unterstützt die Aufgabe, Altes in Neues umzuändern.

✻ Zur Reinigung der Chakren (des Sexual-Chakras, des Herz-Chakras und des Chakras des dritten Auges):
Der Onyx wird jeweils an das zu reinigende Chakra gehalten, und mit geschlossenen Augen erfühlt man die Farben des Feuers. Der Ausdruck «reinen Herzens sein» erhält durch diese Übung mehr Bedeutung, denn der Stein besitzt die Eigenschaft, Negatives nach außen zu bringen (ins Bewußtsein), um es durch Positives zu ersetzen.

✻ Zur Sensibilisierung der Hände legt man einen Onyx in die Handfläche der linken Hand. Die rechte Hand läßt man darüberschweben. Nach kurzer Zeit ist eine erhöhte Temperatur zu verspüren.

✻ Zur Anregung der Körpertemperatur hält man das Ohrläppchen zwischen zwei Onyxe und drückt es in kurzen Abständen leicht zusammen.

✻ Bei organisch bedingten körperlichen Schwachstellen sollte eine Spirale aus Onyxen direkt auf den Körper gelegt werden, und zwar so, daß der Mittelpunkt der Spirale die betroffene Stelle anstrahlen kann.

Pyrit
Macht der Zerstörung

Menschen, die sich von Glitzer und Schimmer anziehen lassen, fühlen meist eine starke Verbindung zu diesem Stein. Genau diese Menschen sollten jedoch lernen, daß nicht alles, was glänzt, auch «licht» ist.
Pyrite haben keine heilende Energie, sondern zerstörerische Energie!
Früher wurden Pyrite dazu verwendet, Kampfgegenstände aufzuladen. Schwerter, Speere usw. wurden längere Zeit auf große Pyrite gelegt.
Die Energie der Pyrite kann aber auch Strahlungsfelder zerstören. Ein uralter «Zauber» hierfür ist das *Legen der Sechs:*
Sechs Pyritsteine werden so gelegt, daß eine Sechs entsteht. Soll die Form der Sechs größer sein, so ist die Zahl sechs zu multiplizieren, bis die Anzahl der Steine ausreicht. Dieses Symbol aus Pyriten zieht die zerstörerische Kraft in das Zentrum.

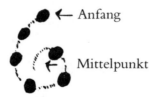

Die so gelegte Sechs zerstreut Erdstrahlungen und Energiefelder verschiedenster Art.

✱ Körperlich könnte diese Kraft nur bei bösartigen Gewächsen und Nieren- und Gallensteinen genützt werden. Doch hier müßte die Sechs auf einer Puppe – die speziell angefertigt wurde und die zu behandelnde Person darstellt – *exakt* auf die zu zerstörenden Punkte gelegt werden. Es ist zu empfehlen, daß diese Art der Behandlung nur von Personen durchgeführt wird, die bereits Erfahrungen auf diesem Gebiet haben.

✣ Für Menschen, die zu weich sind bzw. kein Durchsetzungsvermögen haben, kann der Pyrit, wenn er für kurze Zeit getragen wird, Hilfe bringen.

✣ Ansonsten ist es nicht empfehlenswert, den Pyrit am Körper zu tragen!

Rauchquarz
Für klares, weites Sehen in der anderen Realität

Rauchquarze haben die Eigenschaft, klares, weites Sehen zu verstärken. Dieses «Sehen» bezieht sich aber nicht auf das Sehen oder Schauen in dieser unseren Welt, wie wir sie allgemein kennen, sondern auf die nichtalltägliche Wirklichkeit. Hier helfen die Rauchquarze, die verschiedensten Situationen immer richtig, mit der nötigen Weite, zu überblicken. Hat der Rauchquarz seine bräunliche Tönung nicht von der Natur erhalten, sondern von Menschenhand, so werden seine Wirkung und Kraft dadurch beeinflußt.

Rauchquarze bringen die Energie der Sonne und die Energie der Erde zur Nabelgegend unseres Körpers und können somit zur Herstellung des Gleichgewichts von großer Hilfe sein.

Rauchquarze, die natürlich gewachsen sind, eignen sich auch sehr gut zur Pendelarbeit, denn sie haben starke Verbindung zu unserem unteren Selbst, wogegen Bergkristalle zu unserem oberen Selbst Verbindung haben.

Empfohlene Anwendungen:

* Bei Gedächtnisschwäche und Vergeßlichkeit sollte der Rauchquarz getragen oder auch öfter am Hinterkopf aufgelegt werden.
* Heilende Wirkung hat der Rauchquarz auch bei Kopfschmerzen und bei Mittelohrentzündungen.
* Hilfreich beim Zahnen der Kinder sowie bei Haarwuchsstörungen.
* Allgemein herzstärkend.

✻ Aktivierend bei telepathischen Arbeiten.

Rauchquarze sollten nicht zur Chakra-Arbeit verwendet werden, denn sie nehmen weder positive noch negative Energie auf. Im Gegensatz zum Bergkristall! Für spirituelle Arbeiten ist der Bergkristall allgemein dem Rauchkristall vorzuziehen.

Rosenquarz
Wasserstein – Verbindung zu Wasserwesen

Der Rosenquarz dient grundsätzlich zur Reinigung von Wasser. Dieser Stein befreit Wasser von Schadstoffen und versorgt es mit Energie.
In ein Glas- oder Porzellangefäß werden je nach Größe ein bis drei Rosenquarze gegeben. Bereits nach einigen Stunden bilden sich an den Quarzen und an dem Gefäß Bläschen, und nach 24 Stunden ist das Wasser fertig aufgeladen und trinkbereit. Bilden sich keine Bläschen, so sind die Quarze zu reinigen. Dazu legt man sie sechzig Stunden lang in Meersalz. Eine Reinigung der Steine dürfte alle zehn bis vierzehn Tage nötig sein.

Anwendung des gereinigten und aufgeladenen Wassers:

* Zur innerlichen Reinigung der Haut.
* Auf die Schleimhäute und das gesamte Lymphsystem wirkt es stärkend, besonders auf die Halslymphen.
* Zu Augenbädern.
* Als Trinkkur für Blase, Magen, Darm.
* Es wirkt reinigend und auch schützend bei Strahlungen, wie Röntgen- oder Atomstrahlung.

Weitere Anwendungsmöglichkeiten:

* Rosenquarz, zu Staub zermahlen und mit Rosmarin- oder Thymianöl vermengt, ist sehr zur Hauterneuerung zu empfehlen (z. B. bei Brandnarben), aber auch als Strahlschutzöl!

Mineralien – die schleichenden Krieger

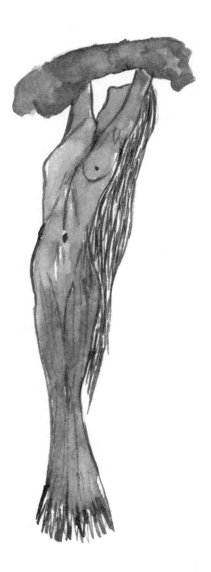

* Bei Halsbeschwerden oder Lymphschwellungen am Hals mit einem Rosenquarz seitlich am Hals entlang streichen.

* Rosenquarz sechzig Stunden in gutem Wasser einlegen, dazu ⅓ Rosenöl, dazu acht Blütenblätter von roten Rosen ergibt ein gutes Öl für die Haut.

* Bei verschiedenen Ängsten und bei Depressionen sollte der Rosenquarz als Schmuckstück (Kette oder ähnliches) getragen werden. Bei Aggressionen ist es wichtig, den Rosenquarz rechts als Armband zu tragen.

Empfehlenswert ist die Fußreflexzonenmassage mit einem (getrommelten) Rosenquarz:

Fußrücken

Sehr wichtig:
* leichter Druck
* immer von vorne nach hinten streichen, von der großen Zehe zur Ferse

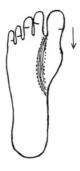

Fußsohle

Rubin
Gottheit der Machtspiele

Das Wesen des Rubins oder der Hüter dieses Wissens zeigte sich mir in der Unteren Welt an einem Platz, der einem Kolosseum sehr ähnlich war. Dabei wurde mir mitgeteilt, daß der Rubin in enger Verbindung mit einer Gottheit steht, die für *Machtspiele* zuständig ist. Ein Machtspiel ist kein Kampfspiel, sondern ein Messen der Kräfte, wobei festgestellt wird, wer der Stärkere ist (nicht in bezug auf körperliche Kraft). Bei einem Machtspiel wird niemand verletzt oder gar getötet.
Die Auswirkungen des Rubins sind immer von seinem Träger abhängig. Die Ausstrahlung eines größeren Rubins kann bewirken, sofern der Träger genügend Energie besitzt und zudem das *Sehen* in der nichtalltäglichen Wirklichkeit erlernt hat, daß er seinen Doppelgänger und gleichzeitig seinen Schattenkörper sehen und steuern kann. Das heißt, daß er gleichzeitig an zwei verschiedenen Plätzen sein kann. Dies erfordert äußerste Konzentration, sehr viel Energie und natürlich sehr viel Übung. Ist es gelungen, die «Zweifachkeit» zu erreichen, so ist man dadurch bei Machtspielen dem Gegner stets überlegen. Zudem erhält man noch die Unterstützung der Gottheit.

Gesundheitliche, körperliche Auswirkungen:

* Allgemein herzstärkend und herzgesundend bei allen Herzkrankheiten.
* Positive Auswirkungen auf alle Organe, die mit der Weiterleitung oder der Reinigung des Blutes zu tun haben, ebenfalls auf die Blutzirkulation und bei Venenerkrankungen.

* Gut bei Erkrankungen des Blutes, besonders bei Störungen der roten Blutkörperchen. Wichtiger Stein für *Bluter*.

* Empfehlenswert auch für Frauen, die Beschwerden während ihrer Menstruation haben, besonders wenn diese unregelmäßig, gar nicht, zu stark oder zu schwach eintritt. Hilfreich auch bei Kinderlosigkeit.

Bei allen genannten Indikationen ist der Rubin am Körper zu tragen.

Empfohlenes Schmuckstück mit drei Rubinen:

Sodalith
Stein zur Auflösung
karmisch bedingter Störungen

In der nichtalltäglichen Wirklichkeit gibt es viele Vorgänge und Begebenheiten, die sich mit dem *Sterben* befassen. Eine der beeindruckendsten ist für mich das Seelenschiff. Es holt den Menschen ab, wenn seine Zeit auf dieser Welt beendet ist, genauer gesagt, wenn seine Seele den Körper verläßt, und bringt ihn an einen *ihm* entsprechenden Platz in der Oberen Welt. Ausnahmen sind möglich.

In der alltäglichen Welt kann uns der Sodalith zu diesen Plätzen führen, er kann unser Reisebegleiter sein. Er kann uns bei der Erforschung früherer Leben große Hilfe leisten. Sollte dies beabsichtigt sein, so trage man den Sodalith über einen längeren Zeitraum stets bei sich, vor allem auch nachts, und achte hierbei besonders auf seine Träume.

Besteht die Vermutung, daß man in diesem Leben aufgrund karmischer Zusammenhänge erkrankt ist, so gibt es die Möglichkeit, durch Anwendung eines alten Zaubers karmisch bedingte Krankheiten aufzulösen sowie negative Erlebnisse aus früheren Leben endlich zu begraben. Für dieses *Ritual* wird eine Puppe gebraucht, die man auf zwei Arten herstellen kann: aus Stoff oder aus Holz.

Als erste Möglichkeit fertigt man aus Leinen oder Rupfen eine handgroße Puppe, die mit Naturhaar gefüllt wird. Welches Haar man zur Füllung benützt, ist unwesentlich. Wichtig ist, daß die Puppe Kopf, Rumpf, Beine und vor allem Arme mit angedeuteten Handflächen besitzt. Ist die Puppe fertig, so malt man auf die Bauchseite mit weißer Farbe ein Skelett. Nun benötigt man noch etliche Haare von sich und umwickelt damit den Hals der Puppe.

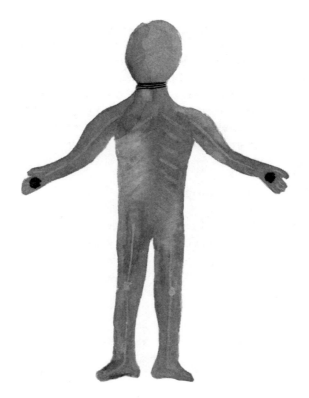

Sind die eigenen Haare nicht lang genug, so kann man sie auch ankleben. Schließlich bringt man in jeder Handfläche einen Sodalith an.

Eine weitere Möglichkeit besteht darin, aus Holz eine handgroße Puppe anzufertigen, die Kopf, Rumpf, Beine und Arme mit angedeuteten Handflächen besitzt. Auf der Bauchseite schnitzt oder ritzt man ein Skelett ein. Auch hier ist der Hals mit etlichen eigenen Haaren zu umwickeln oder, falls nicht lang genug, zu bekleben. In jeder Handfläche wird ein Sodalith angebracht.

Stellt man die Puppe nicht für sich her, so sind natürlich die Haare der Person zu verwenden, für welche die Puppe bestimmt ist. Diese Person sollte auf alle Fälle einen Bezug zu der Puppe haben, das heißt, die Puppe selber gespürt oder zumindest gesehen haben.

Das eigentliche Ritual ist das *Bestatten* der Puppe: Man suche einen schönen Platz in der Natur, der speziell für diesen Zweck ausgewählt wird. Der Vorgang des Bestattens ist mit großem Respekt auszuführen. Die Puppe wird so in ein «Grab» gelegt, daß die Arme ausgebreitet sind, der Rücken die Erde berührt und die Puppe sozusagen gegen den Himmel schaut. Die Puppe bleibt für immer in diesem Grab.

Weitere Anwendungsmöglichkeiten:

✻ Der Sodalith kann bei Gleichgewichtsstörungen sowie bei Koordinationsstörungen des Nervensystems Hilfe leisten.

✻ Er hilft und stärkt Alkoholabhängige bei der Bewältigung ihrer Sucht.

Sternsaphir (schwarzer)
Stein der Reinheit, Ruhe, des Friedens und Glücks

Ist der Träger dieses Steins auf dem «Medizinweg», so wird er durch schwarze Sternsaphire mehr über Donner- und Blitz-Medizin erfahren. Ist er bereits reinen Herzens, dann kann er mit Hilfe der Sternsaphire den sphärenartigen Tönen lauschen und so mehr über die Obere Welt lernen.

Sternsaphire zeigen, wenn sie den Träger angenommen haben, die vergangenen Krafttiere. Sie offenbaren auch Wissen vergangener Leben, deshalb sind sie bei Reinkarnationsarbeiten sehr hilfreich. Aber nicht nur für die Vergangenheit, sondern auch für die Zukunft können sie von großer Bedeutung sein.

✦ Für den Körper können diese Steine nur Positives bewirken. Ausgezeichnete Hilfe leisten sie bei Energieblockaden der Wirbelsäule. Um diese Blockaden aufzulösen und um einen besseren Energiefluß zu erzielen, wird mit einem Sternsaphir an der Wirbelsäule entlang von unten nach oben gestrichen. Dies soll sehr langsam geschehen und öfter wiederholt werden und außerdem täglich ausgeführt werden.

✦ Bei Herzschwäche und Herzrhythmusstörungen wäre ständiges Tragen sehr förderlich.

✦ Bei Blasen- und Nierenschwäche und bei Nierenkrankheiten sollte der Sternsaphir direkt in Organnähe aufgelegt werden (bei linker Niere links usw.). Man kann ihn dazu mit einem Pflaster festkleben oder in ein Leinensäckchen einnähen und ihn dann so umlegen, daß er auf die betroffene Stelle strahlt.

✦ Die Schwingungen des schwarzen Sternsaphirs bringen dem Träger sein Gleichgewicht. (Viele Menschen haben dies heute längst verloren.) Es macht sich bemerkbar in Glücksgefühl, Zufriedenheit, innerer Ruhe und Harmonie.

✦ Der Sternsaphir ist für Frauen und Männer gleichermaßen ein Freund und Begleiter. Ständiger Kontakt mit ihm als Schmuckstück oder lose getragen wird empfohlen. Bei richtigem Gebrauch strahlt der Träger nach einiger Zeit wie der Stein!

Empfehlenswerte Schmuckstücke:

Schwarzer Sternsaphir
Die Blätter dienen zur Strahlenverteilung am Körper.
Die Kette sollte aus Silber oder silbrigem Material sein

Hängeohrring bei Gehörschwäche

Schwarzer Sternsaphir
Spirale: unten offen,
wird nach oben enger;
obendrauf sitzt der Saphir,
sozusagen als Verstärker

Sugilith
Vermittler von Wissen aus den Tiefen des Meeres

Der Sugilith steht in enger Verbindung mit Meereswesen, die sich in den Untiefen aufhalten. Deshalb ist es möglich, durch ihn Geheimnisse der Tiefe zu erhalten. Diese Wesen sind gleichzeitig auch die Vermittler von uraltem Wissen längst vergangener und versunkener Kulturen. Hat man Zugang zu den Schwingungen des Sugilith, so kann man die Geheimnisse aus diesen früheren Zeiten erfahren.

Der Sugilith ist der Unteren Welt zugeordnet und nur für sehr wenig Menschen geeignet. Personen, deren Krafttiere Tiere des Meeres sind, können diesen Stein sicherlich als Verbündeten ansehen. Da durch ihn geheimes Wissen der Meere vermittelt wird, ist er als eine Art «Zauberstein» anzusehen. Körperliche Auswirkungen hat der Sugilith nur auf die Seele und auf das Gehirn.

Übung, um verborgenes Wissen zu ergründen:

Man benötigt dazu zwei Sugilithe. Einer wird auf die Nabelgegend gelegt und der andere auf die Gegend des dritten Auges. Dadurch entsteht über dem Körper ein Energie-Dreieck, das die Kraft der beiden Energiezentren miteinander verbindet. So kann ein tiefer Bewußtseinszustand erreicht werden, in dem es möglich ist, in die Tiefen vorzudringen, wo die Wesen sich zeigen.

Tigerauge
Brücke zur Oberen Welt

Tigeraugen haben sehr enge Verbindungen zu den Winden und können ein Weiterkommen auf dem spirituellen Weg oftmals beschleunigen. In der nichtalltäglichen Wirklichkeit stehen sie für alle Geflügelten (Tiere mit Flügeln) und sind somit auch Flughelfer. Sie haben in der Oberen Welt Zugang zu den Ebenen, in denen sich die Verstorbenen aufhalten, und können dadurch als Vermittler auftreten. Für Menschen, die Schwierigkeiten haben, ihr Alltagsbewußtsein zurückzulassen, eignen sie sich als Brücke (Regenbogen) zur Reise in die Obere Welt.

Allgemein sind Tigeraugen als schützende Reisebegleiter zu empfehlen. Sie wurden Verstorbenen als Reisebegleiter beigelegt, um deren Reise zu erleichtern.

Heilende Wirkung:

✽ Menschen mit Krebserkrankungen, besonders solche mit bösartigen Tumoren im Kopfbereich, sollten Schmuck aus Tigerauge oder lose Steine ständig tragen. Diese Steine arbeiten gegen die Angst vor solchen Krankheiten und nehmen sie.

✽ Auf ängstliche Menschen wirken Tigeraugen beruhigend.

✽ Besonders ängstliche Personen können sich eine «Angst-Salbe» zubereiten, die täglich auf die Unterseite des Handgelenks gerieben werden sollte. Dazu werden fein zermahlene Tigeraugen mit Olivenöl (von grünen Oliven) und Kamillenkonzentrat vermischt.

Empfehlenswerte Schmuckstücke u. a.:

Kleine Ohrstecker mit einem Tigerauge, oben an der Ohrmuschel ständig getragen, wirken gegen Ängste.

Menschen, die vor Verstorbenen Schutz suchen, sollten an der Haustüre dieses Symbol anbringen. Die Fassung sollte aus kupferfarbenem oder goldfarbenem Material bestehen.

Diese Kette bildet sozusagen eine Brücke von dieser Welt zur Oberen Welt. Sie ist von großer Hilfe für Menschen in Todesangst, aber auch für Menschen, die Furcht haben, mit der Oberen Welt in Berührung zu kommen (spirituell gesehen).

Türkis
Ein lebenslanger Begleiter und Beschützer

Türkise strahlen positive Energie aus und laden den Träger damit auf. Sie wirken schützend, indem sie negative Schwingungen vom Körper abhalten und sie wie ein Spiegel zurückwerfen. Sie sind für jeden Menschentyp geeignet und sollten lebenslange Begleiter sein.

Türkise haben eine äußerst positive Verbindung zu unseren Ahnen. Sie sind deshalb sehr für Rituale geeignet, die zum Ziel haben, mit den Ahnen Kontakt aufzunehmen, z. B. beim Visionstanz (*Ghost dance* und *Spirit dance*), der dazu dient, vergessenes Wissen zurückzuerhalten. Solche Rituale werden immer von einer Gruppe von Menschen durchgeführt. Der Türkis wirkt dabei sehr förderlich auf den Gruppengeist.

Türkise sind Steine der Mittleren Welt und der Sonne zugeordnet! Je ausgeprägter die schwarzen Adern den Türkis durchziehen, desto besser verteilt sich die Energie beim Träger. Weniger Adern bedeuten weniger Erdenergie im Stein.

Der Türkis ist als Schutzstein, in Schmuckstücken verarbeitet, zu empfehlen – insbesondere für Babys und Kleinkinder. Hier bewirkt das Tragen (als Amulett oder als Kettchen) länger anhaltende Verbindung zur Oberen Welt.

Gesundheitliche, heilende Wirkungen:
* bei Knochenbrüchen – hilfreich beim Zusammenwachsen
* bei Wirbelerkrankungen – stärkend
* bei Herzschwäche – stärkend

Längeres Tragen am Körper ist empfehlenswert.

Bei Schmuckstücken sollten unbedingt nur Fassungen aus silbrigem Material (eventuell auch Weißgold) verwendet werden, aber kein gelbes Material. Ferner ist darauf zu achten, daß der Stein im Zentrum des Schmuckstückes sitzt. Armbänder mit mehreren Türkisen, entweder links, rechts oder beidarmig getragen, schließen empfindliche Schwachstellen im «Schattenkörper» (Aura).

Folgende Arten von Schmuckstücken sind zu empfehlen:

Turmalin
Spiegel der Seele

Turmaline haben enge Verbindung zur «göttlichen Hierarchie der Sieben». Diese Hierarchie ist in einer bestimmten Ebene der Oberen Welt zu finden. In einem weißen Tempel, der dem Isis-Tempel in Pompeji ähnelt, stehen sieben Stühle in bestimmter Anordnung: vier links, zwei rechts, und vorne einer erhöht. Die Stühle der göttlichen Hierarchie symbolisieren folgendes:

der erste – Liebe
der zweite – Ehrlichkeit
der dritte – Hoffnung
der vierte – Reinheit
der fünfte – Göttlichkeit
der sechste – Tugend
der siebente – Lichtheit.

Hier an diesem heiligen Ort ist es möglich, die Entwicklung seiner eigenen Seele zu sehen, indem man durch eine goldene Scheibe blickt.

Der Entwicklungsstand unserer Seele ist aber auch in dieser Welt durchaus einsehbar. Hierzu bedarf es allerdings einer speziellen Übung, und sie muß sehr sorgfältig durchgeführt werden, um den gewünschten Erfolg zu erreichen. Bei dieser Übung spielt die Zahl sieben eine wichtige Rolle, denn man durchwandert sozusagen die sieben göttlichen Stühle und deren Eigenschaften. Der Turmalin sollte während der Übung immer am Körper getragen werden, entweder lose in einer Kleidungstasche oder als Schmuckstück (z. B. als Kette). Auch nachts soll er in Körpernähe sein.

Übung:

Man beobachtet jede der oben beschriebenen Eigenschaften über einen Zeitraum von sieben vollen Tagen. Beginnen Sie mit der ersten Eigenschaft und räumen Sie sich nach sieben Tagen einen leeren Tag ein. Dann beginnt man mit der zweiten Eigenschaft, wieder sieben Tage lang, gefolgt von einem leeren Tag. So fährt man fort, bis man bei der siebenten Eigenschaft (beim siebenten Stuhl) angekommen ist. Achten Sie während dieser Zeit besonders auf Ihre Träume, auf Ihren Körper (Beschwerden, Leiden, Unpäßlichkeiten usw.). Achten Sie auf alles, was von außen und von innen auf Sie zukommt. Denken Sie daran, jedes Vorkommnis ist ein Teil Ihres Spiegels, und Sie wollen sich selbst erkennen. Ist Ihre Seele bereits so weit entwickelt, werden Sie die letzten sieben Tage ins «Licht» bringen.

Sehr von Vorteil ist es, während der gesamten Übungszeit ein Tagebuch zu führen. Turmaline sind Seelenspiegel – sie sollten uns bis an unser Lebensende begleiten!

Nützliche Anwendungen:

✸ Reibt man den Turmalin hinter den Ohren auf und ab, so erhöht man damit die Konzentration.

✸ Führt man den Turmalin in den Bereich des dritten Auges, so verbessert sich das Sehen in der nichtalltäglichen Wirklichkeit.

✸ Massiert man die Fingerkuppen längere Zeit mit dem Turmalin, so erhöht sich die Sensibilität (empfehlenswert vor Heilungen).

✸ Der Turmalin ist besonders zur Reinigung des Herzchakras geeignet.

ANHANG
Beispiele aus meiner Arbeit

Warum kann die mongoloide Laura nicht sprechen?

Eine Körperdiagnose nach dem Watange-System (mittels zugesandter Haare)

Anfangs hatte ich erhebliche Schwierigkeiten, durch die Öffnung in meinen Tunnel zu kommen. Es war überhaupt schwierig, Kontakt mit dem Kind aufzunehmen.

In dem Bereich, der für den Kopf zuständig ist, waren die Wege extrem eng und schmal, so daß ich das Gefühl hatte, nicht weiterzukommen. Das ist sonst nie der Fall. Die linke Seite im Kopfbereich war besonders verengt, so eng, daß ich fast keine Möglichkeit hatte zu arbeiten.

Oberhalb des linken Ohres sah es aus, als wären die Wege zugestopft. Es schien, als wäre die linke Seite des Kopfes nahezu funktionsunfähig. Unterhalb des Kiefers waren die Lymphbahnen völlig verknotet und verhärtet, zusätzlich schien es, als wären sie andauernd entzündet. Die rechte Seite des Kopfes war im Gegensatz zur linken vollkommen frei. In der Brustgegend war alles normal. Die Wirbelsäule sah aus, als wäre sie nach innen gebogen, wie verkehrt. Mir kam es vor, als würden die Wirbel in die falsche Richtung stehen und auch nicht gerade aneinandergereiht sein. Mir schien, als begänne dies bei den Wirbeln unterhalb des Schulterblattes oder als ginge bei den oberen Wirbeln etwas falsch rein. (Ich kenne mich zuwenig aus, glaube aber, daß dieser Veränderung nachgegangen werden sollte.) In der Herzgegend sah ich dunkle Flecken, so als wären Schatten darauf. Diese zogen sich bis unter den Arm.

Im Kopf des Schattenkörpers herrschte ein wahnsinniger Druck, als würde in ihrem Kopf tatsächlich ein enorm hoher Innendruck bestehen, besonders zwischen den Augen. Dies müßte sich in Kopfschmerz äußern. Außerdem hatte sie überaus emp-

findliche Ohren, ihr Hören war außergewöhnlich ausgeprägt. Das heißt, sobald man mit ihr redet, müßte dies sehr rücksichtsvoll sein. Ich könnte mir vorstellen, daß es ihr Schmerzen bereitet, wenn man laut spricht.
In der Gegend des Nabels hatte es den Anschein, als wäre ein Loch im Schattenkörper. Ich ging weiter herunter, und mir fiel nur noch eine Schwäche im Knöchel auf.
Dann wollte ich mich in die Untere Welt begeben, um nachzufragen, warum sie nicht spricht. Doch ich hatte wieder erhebliche Schwierigkeiten, geradeso, als sollte diese Frage nicht beantwortet werden. Der gesamte Weg durch den Tunnel war sehr eng und voller Hindernisse, und an der Stelle, an der ich herauskam, lag ein Stein, der den Ausgang blockierte.
Ich dachte mir, wenn sie diesen Ausgang verschlossen hat, so gehe ich einfach eine Ebene tiefer. Dies gelang mir. Der Ausgang hatte nur die Größe eines Mauselochs. Er war zugedeckt, und mir war, als hätte ich Hilfe von außen durch ein Krafttier erhalten, was auch der Fall war. Dieses Krafttier hätte gerne eine engere Beziehung zu Laura, doch ist das irgendwie nicht möglich, denn das Krafttier hatte es schon angeboten gehabt.
Zusammen mit diesem Krafttier, das nicht meines war, ging ich weiter, bis wir in eine scheinbar «tote» Gegend gelangten. Mir wurde richtiggehend schlecht. Wir kamen an einem toten, dürren Baum vorbei zu einem kahlen, kargen Berg. In einer großen Höhle dieses Berges, die sehr finster war und nur mit einigen Fackeln erhellt schien, erkannte ich einige menschliche Gestalten. In der Mitte war ein kleiner Teich oder See mit kristallblauem Wasser und sehr tief. Die Gestalten/Wesen saßen um ihn herum, so als sei es ein besonderer Platz. Ich hatte das Gefühl, mich ebenfalls hinsetzen und in die Tiefe des Sees schauen zu müssen. Ich setzte mich und schaute mit der Frage in die Tiefe des Sees, warum das Mädchen nicht sprechen könne. Dann erblickte ich oberhalb des Sees, der von Fels umgeben war, andere Gestalten mit nacktem Oberkörper und langen, weißen Gewändern. Sie waren männlicher Statur und hatten längeres Haar. Sie trugen ein junges Mädchen mit blonden langen Haaren und blauem Kleid. Die Hände

und Füße waren gefesselt, der Mund mit etwas Weißem zugebunden und verklebt worden. Sie warfen das Mädchen in den See hinunter und sahen zu, wie es in die Tiefe sank. Die Männer hatten weiße Hautfarbe.

Anscheinend war dies die Antwort auf meine Frage. Die Ursachen für Lauras Stummheit sind wahrscheinlich in einem früheren Leben zu suchen. Aber da sie mit alldem nichts zu tun haben will, hat sie auch ihren Gang zugemacht.

Wie kann bei multipler Sklerose geholfen werden?

Reise zu einem Gesundheitsverbündeten

Ich ging die übliche Strecke zu meinem Eingang, war plötzlich aber nicht mehr dort, sondern an einem anderen mir wohlbekannten Platz. An diesem sind sehr viele Fuchsbaue und ein größerer Berg. Fuchsspuren waren überall zu sehen. Ich ging in einen großen Bau hinein. Der Eingang war ungefähr fünfmal so groß wie mein üblicher Eingang, und ich hatte keinerlei Schwierigkeiten. Nach dem ersten Stück des Ganges oder des Tunnels wurde es ganz dunkel, und da mir der Tunnel fremd war, wußte ich nicht, wo es nach unten ging. (Das hieß für mich, daß es für jemanden, der sich auf diese Krankheit eingelassen hat, sehr schwer ist, zu wissen, wie der eigentliche Verlauf aussehen wird.) Ich tastete mich weiter vor und wußte in der Dunkelheit nicht, ob es rechts oder links weiterging. Plötzlich merkte ich, daß es steil nach unten ging, und daß große Vorsicht geboten war, damit ich nicht hinfiel.

(Für mich bedeutete das, daß man über den weiteren Verlauf der Krankheit absolut nichts weiß. Auf dem Weg dieser Krankheit muß man sich angewöhnen, sich langsam vorwärts zu tasten und – weil man ja nicht weiß, wie sie weitergeht – sich an ein ganz bestimmtes Vorgehen zu halten. Ich hatte das Gefühl, als würden die meisten Leute diese Krankheit bekommen, ohne daß sie eine Möglichkeit haben, sie zu steuern! Sie fallen irgendwie herein.)

Weil ich nun nicht wußte, wie der Weg weiterführte, habe ich vor jedem Schritt wirklich aufgepaßt, wo es hinging. Und dann war mir plötzlich ganz bewußt, daß ich genau aufpassen mußte, um herauszufinden, wie ich nach unten komme. Ich bin dann spiralförmig hinuntergegangen, obwohl immer unwahrscheinlich viele Wege abgezweigt sind – Wege, die steil nach oben führten, nach links, nach rechts, ich kann sagen überallhin. (Für mich war klar, daß es viele Möglichkeiten gibt, die man nehmen kann, aber man muß wissen, wohin man will, und da ich wußte wohin, stellte alles kein Problem mehr dar).

Der Weg ging noch sehr viel weiter, ganz anders als in meinem eigenen Tunnel, und ich bin an einem mir fremden Ort herausgekommen.

(Dazu muß ich sagen, daß es ungeheuer wichtig ist, wenn man an solch einer Krankheit leidet, daß man auf ein Ziel ausgerichtet ist, also konsequent z. B. eine Therapie verfolgen soll und sich keinesfalls treiben lassen darf; denn es gibt hundert Wege, die alle nirgendwohin führen. Der Kranke muß seinen Weg zielstrebig selbst gehen, ohne sich auf jemand anderen zu verlassen.)

Als ich den Tunnelausgang verließ, war es mir fast nicht möglich, etwas zu sehen. Es war eine Helligkeit da, ein Licht zwischen gelb und weiß, als würde man in die Sonne schauen. Ich wurde völlig geblendet, versuchte trotzdem, mich umzusehen, konnte aber keine Landschaft, einfach gar nichts erkennen. Ich mußte mich ganz langsam an das Licht gewöhnen, was äußerst schwierig war. Ich mußte mir erst eine andere Sichtweise angewöhnen. (Auf die Krankheit bezogen heißt das, daß sie einen fast blind macht, vor allem im übertragenen Sinne. Es scheint wichtig zu sein, daß man lernt, sich zu schützen, besonders die Augen. Ich weiß nicht, ob sich die Krankheit tatsächlich auf die Augen auswirkt, das wissen die Betroffenen besser. Auf alle Fälle muß man sich ein ganz neues Sehen angewöhnen.)

Und nachdem ich gemerkt hatte, wie gefährlich dieses Licht für die Augen war und daß ich sie schützen mußte, hatte ich wieder die Möglichkeit zu sehen. Ich erblickte eine wüstenähnliche Sandlandschaft mit kleinen Sandhügelchen und vielen Kakteen. – Ich hatte den Wunsch oder die Bitte in mir gehabt, allgemeine Informationen über multiple Sklerose zu erhalten. –

Ich sah nun einen Mann mit nacktem Oberkörper, vielleicht einen Indianer, der mit einer Art Lendenschurz bekleidet war (es hing vorne und hinten ein Lappen herunter). Er trug keine

Schuhe, auch keine Mokassins. Er lief in ziemlich schnellem Tempo vor mir her in dieses sandige Gebiet hinein, und ich folgte ihm. Wir kamen an einen Platz zwischen zwei Hügeln, wo er anhielt und sich setzte. Aus einem mitgeführten Leinensäckchen oder, besser gesagt, aus einer Rolle nahm er vier verschiedene Kräuter: Schlüsselblume, Veilchen, Labkraut und Holunder. Aus ihnen wird ein Tee zubereitet, der als Medizin zu trinken ist. Es sollen damit keine äußerlichen Anwendungen gemacht werden. Vom Holunder nimmt man nur die kleinen Ästchen, wenn diese frisch treiben.

Ich sah, daß diese Krankheit auf die Wirbelsäule oder auf das zentrale Nervensystem geht. Es fängt an den oberen Halswirbeln an, auf jeden Fall am Hinterkopf, und geht hinunter bis zum Steißbein, jedoch nicht direkt auf den Wirbeln, sondern seitlich davon. Möglicherweise verlaufen hier die Nerven, oder es hat etwas mit der Durchblutung zu tun. (Das weiß ich nicht genau.) Jedenfalls sind diese Bahnen rechts und links der Wirbelsäule zu aktivieren. Dazu müßte man sich eine Salbe zubereiten oder auch ein Öl, bestehend aus Olivenöl, Ringelblume und Pfefferminze.

Mit diesem Gemisch beginnt man mit leichtem Druck durch Zeige- und Mittelfinger von unten nach oben unmittelbar neben der Wirbelsäule bis hinauf zum letzten Halswirbel zu massieren. Keine kreisenden Bewegungen – nur leichter Druck. Wie oft solch eine Druckmassage durchgeführt werden soll, ist meines Erachtens von der Fortgeschrittenheit der Krankheit abhängig. Ich glaube, daß man dabei am besten nach Gefühl und Verträglichkeit vorgeht.

Ich hatte den Eindruck, als sei diese Art von Massage besonders gut für die Arme, wenn diese anfangen, nicht mehr so beweglich zu sein. Mir kam es vor, als würde durch die Massage alles besser durchblutet werden.

Weiter sah ich, daß die Betroffenen lernen müssen, sich mit der Kraft des Universums zu vereinen. Falls sie selbst die Kraft dazu nicht mehr aufbringen können, sollten sie zu jemandem gehen, der sie mit Energie aufladen kann. Dabei ist es gleich, welchen (spirituellen) Weg diese Person eingeschlagen hat. Die multiple

Sklerose nimmt dem Kranken sehr viel Energie, deshalb ist es wichtig, daß ihm Energie zugeführt wird. Diese leitet man an bestimmte Punkte, vor allem an die Stelle unter jedem Schulterblatt. Diese Stellen sind etwa handflächengroß. Auch am Kopf soll Energie zugeführt werden.

Was die Kranken noch machen müßten, unabhängig vom Stadium der Krankheit, sind Konzentrationsübungen. Das heißt, sie sollen üben, sich länger mit einer Sache zu befassen. Ideal wäre auch eine Übung, bei der man sich mit der Kraft des Universums, hier mit gelbem Licht, auflädt.

Da diese Krankheit den Betroffenen vermutlich mit viel negativer Energie anreichert, wäre es gut, wenn man sich einen Baum in der Natur aussucht, an den man diese weitergeben kann. Der Baum kann die negativen Energien ganz tief in die Wurzeln weiterleiten. Der Vorgang ist ganz einfach. Man geht mit der Absicht in die Natur hinaus, einen Baum zu finden, der die negativen, lähmenden Energien aufnimmt. Hat man ihn gefunden, umarmt man ihn, gibt dabei die Energien ab und verfolgt konzentriert, wie diese in die Wurzeln gehen. Der Baum wird möglicherweise nur einen Teil abnehmen, denn der Kranke muß sehr viel selber tragen, damit er einen Weg findet. Vorher sollte man aber den Baum um Zusammenarbeit bitten und ihm auch eine Gegenleistung anbieten: ihm irgend etwas Gutes anzutun. Stets sollte man den gleichen Baum beibehalten. In gewisser Weise ist dieser ein Verbündeter.

Dann ging es weiter mit Ratschlägen zur Ernährung. Grundsätzlich sollte kein rotes Fleisch gegessen werden, sondern nur weißes Fleisch oder auch Fisch. Weißer Zucker sollte auf alle Fälle gemieden werden. Er nimmt anscheinend einen Teil der Vitamine und Mineralstoffe weg, die besonders wertvoll und wichtig sind. Weiter zu meiden sind Süßigkeiten, Gebäck und alle Speisen aus weißem Mehl. Man sollte viel Karotten essen und täglich eine ganze Zehe Knoblauch. Dies wäre sehr wichtig, ganz gleich in welchem Stadium der Krankheit man sich befindet.

Zur Unterstützung der Therapie wurde noch empfohlen, daß sich mehrere Leute mit dieser Krankheit zusammenschließen und aktiv den Tag zusammen verbringen, d. h. gemeinsam dem «Lähmenden» entgegenarbeiten. Seltsamerweise sollte man sich auch sportlich betätigen, und zwar joggen: ganz bewußt und barfüßig laufen. Es ist nebensächlich, wie schnell und wie weit man läuft. Wichtig ist, daß man sehr bewußt mit der Ferse zuerst aufkommt und dann nach vorne abrollt. Man kann auch auf der Stelle laufen, wenn keine andere Möglichkeit besteht. Jedoch sollte bedacht werden, daß die Fläche, auf der man läuft, nicht ganz eben und glatt ist. Sich bewußt zu sein, bei jedem Auftreten die Krankheit an die Erde abzugeben (ähnlich wie beim Baum), wäre außerordentlich nützlich. (Wahrscheinlich macht die Krankheit den Menschen zu und hindert ihn, schlechte Energie abzugeben.)

Als weitere Übung wurde empfohlen, von einem Bein auf das andere zu hüpfen, jedoch schwingend und dabei mit den Armen die schlechte Energie förmlich herauszuschütteln. Unterstützen kann man dies noch, wenn man die Füße ebenso ausschüttelt, einmal rechts und einmal links, und dazu bei jedem Schritt von innen heraus stoßweise schreit, geradeso, als möchte man die Krankheit zusätzlich noch herausschreien. Die Augen sind bei dieser Übung am besten geschlossen.

Als wichtiger Hinweis wurde mir *Loslassen* gegeben. (Ich nehme an, daß die Betroffenen sich in ihrer Krankheit sehr eingeengt fühlen.) Ich empfand weiterhin, daß es wichtig ist, bei dieser Krankheit einen Halt zu finden. Das muß nicht unbedingt ein Arzt sein, vielmehr ein Weg. Das ganze Ankämpfen gegen die Krankheit muß «rund» sein, nicht so, daß man einige Zeit in einer Klinik verbringt und andere «machen» läßt. Der Kranke soll jedes kleine Schrittchen selbst bestimmen, planen und auch befolgen – bis hin zur Gestaltung des ganzen Tages usw. Ist der Betroffene konsequent genug, findet er zu seinem Ziel, und dies ist keineswegs sein «Lahmgelegtsein».

Nach diesen Mitteilungen kehrte ich durch meinen Tunnel in die Mittlere Welt zurück. Die Informationen, die ich erhielt, waren eher allgemein gehalten. Doch ich glaube, daß es durchaus möglich ist, für den Einzelfall besondere Ratschläge in Erfahrung zu bringen. Auch glaube ich, daß diese Krankheit nur ganz gewisse Menschen erreicht, nämlich Menschen, die unbedingt ein Konzept (einen Weg o. ä.) brauchen, aber keines haben, und daß dies womöglich auch die Grundursache der Krankheit ist. (Doch das ist nur eine Vermutung von mir, ich habe es nicht *gesehen*.)

Mineral-Reise zum Hüter des Rubins in der Unteren Welt

Bitte um Wissen über das Mineral in
meiner Hand

Wie üblich ging ich in meinem Tunnel nach unten, und der Weg war diesmal sehr, sehr weit, bis ich zum Ausgang kam. Ich glaube, daß der Ausgang diesmal noch einige Ebenen tiefer lag als sonst.

Die Farben, die ich beim Herauskommen wahrnahm, tendierten von einem schillernden Weiß bis zu einem eisigen Blau. Alles wirkte wie in einer sonnigen, aber gefrorenen Winterlandschaft. Ich sah keine Pflanzen, jedoch Berge. Der gesamte Boden glitzerte, und alles, was ich sah, wirkte klar und neutral. Die Ausstrahlung dieser Gegend empfand ich als sehr positiv und angenehm.

Eines meiner Krafttiere war ebenfalls hier, und ich folgte ihm. Plötzlich nahm ich zwei Realitäten gleichzeitig wahr. Ich sah mich, wie ich in dieser eisigen Winterlandschaft ging und im selben Augenblick auch am Wintergarten unseres Hauses entlang in Richtung zum Weiher, der etwa hundert Meter vom Haus entfernt ist. Zur gleichen Zeit ging ich in der Eislandschaft ebenfalls an einem See vorbei. Ich konnte mich sozusagen zur gleichen Zeit an verschiedenen Orten bewegen und auch sehen. Vergleichbar ist dies, als würde man zwei verschiedene Filme zur gleichen Zeit ansehen, wobei man jeden weiteren Ablauf aber selbst bestimmt. Es klingt unglaublich, aber es ist möglich, den Doppelgänger und den Schattenkörper gleichzeitig zu sehen und zu steuern. Nur bedarf es zum Hin- und Herpendeln einiger Übung, denn ich hatte kurzzeitig Schwierigkeiten, mit meinem Bewußtsein in der Unteren Welt zu bleiben.

Ich fragte, ob dieser Zustand mit der Ausstrahlung des Rubins zu tun hätte und erhielt zur Antwort, daß es mit Hilfe eines größeren Rubins möglich wäre, die Fähigkeit zu entwickeln, Doppelgänger und Schattenkörper gleichzeitig zu sehen und zu steuern. Begleitet von meinem Krafttier ging ich dann weiter, und die Landschaft wurde zusehends farbenfroher. Ich erreichte einen Platz, auf dem ein Kolosseum stand, ähnlich wie ich es aus Pompeji kannte. In der Mitte unten, in der Arena, erblickte ich eine säulenartige Tribüne. Die Arena hatte scheinbar Zugänge von weiter unten, denn aus einem dieser Zugänge sah ich zwei mächtige Löwen, begleitet von einem älteren «Mann», heraufkommen. Der Mann hatte einen lockigen Bart und lockiges Haar und war mit einem weißen, goldfarbenen bestickten Gewand bekleidet. In der Hand hielt er ein Zepter. Dieses hatte oben eine mit Rubinen besetzte Kugel.

Er sagte mir, er sei hier als Vertreter des Rubins, er sei eine Art Gottheit und für Machtspiele zuständig. Diese Machtspiele seien nicht zu verwechseln mit Kampfspielen. Ich sagte ihm, daß ich nicht verstünde, was er mit Machtspielen meinte, und er wies mich an, zu beobachten. Auf sein Zeichen sprangen die beiden Löwen aufeinander zu und maßen ihre Kräfte, ohne sich dabei zu verletzen. Dennoch versuchte jeder, den anderen zu besiegen. Nach einiger Zeit entfernte sich einer, und der andere verbliebene Löwe zeigte sich sehr siegesbewußt.

Nochmals wurde mir erklärt, daß es bei diesen Machtspielen um ein Messen der Kräfte geht. Auch Menschen könnten solche Machtspiele untereinander austragen, um zu sehen, wer der Stärkere ist. Da der Rubin in enger Verbindung mit dieser Gottheit, die Machtspiele unterstützt, steht, hat der Träger des Steines ebenfalls deren Unterstützung.

Auswirkungen auf den Körper hat der Rubin insbesondere auf das Herz. Hier wirkt er gesundend und stärkend. Ferner ist er gut für alle Organe, die mit der Blutweiterleitung oder Blutzirkulation zu tun haben. Er eignet sich bei Venenerkrankungen, bei Bluterkrankungen, bei Störungen der roten Blutkörperchen. Der Rubin ist ein empfehlenswerter Stein für Bluter. Man kann allgemein sagen, er ist für alles im Körper gut, was mit der Farbe Rot zu tun hat. Darum ist er auch für Frauen geeignet, die Beschwerden während ihrer Menstruation haben; ebenso, wenn die Menstruation unregelmäßig oder gar nicht, zu stark oder zu schwach eintritt. Weiterhin ist der Rubin gut für Frauen, die kinderlos sind und gerne Kinder hätten.

Beim Zurückgehen fragte ich noch, wie der Rubin zu tragen sei, und mir wurde gesagt, daß dies an sich völlig gleich sei, solange er am Körper ist. Bei der Verwendung als Schmuckstück gäbe es ein altes Symbol, in das der Rubin mit eingearbeitet wird. Es sah aus wie eine etwas schrägliegende Acht, die auf einem leicht schrägen Dreieck steht. Das gesamte Symbol war von einem goldfarbenen Kreis umrahmt. Die Rubine waren an den Enden des Dreiecks angebracht, alles schien in irgendeiner Weise miteinander verbunden zu sein (vgl. Abb. S.139).

Mehr wurde mir nicht mitgeteilt, und ich kehrte durch meinen Tunnel wieder zurück.

Mineral-Reise in die Untere Welt zum Granat

In der Unteren Welt gelangte ich in eine waldige Gegend, die sich nicht sehr von unserer Welt unterschied. In einem dieser Wälder, der wunderschön und sehr ausdrucksvoll war und außerdem viele Fuchsbaue und Ameisenhügel hatte, sah ich auch sehr viele Fliegenpilze. Durch mein Krafttier wurde ich auf einen besonderen Ameisenhaufen hingewiesen. Durch einen kleinen Einstieg seitlich am Bau robbte ich hinein, bis ich an einer Stelle war, wo ein einzelner Fliegenpilz stand. Ich war mir nun sicher, daß dies das gewünschte oder gesuchte Wesen war. Es bestätigte mir auch, daß es der «Hüter des Wissens» sei, doch müßte ich mich mit ihm verbinden, um sein Wissen erfahren zu können. Um diese Verbindung einzugehen, sollte ich ein Stückchen von ihm essen, was ich auch in der nichtalltäglichen Wirklichkeit tat.

Das Wesen belehrte mich nun, daß die Einnahme nicht in der nichtalltäglichen Realität geschehen sollte, sondern in der alltäglichen Realität. Würde der Pilz denjenigen, der Wissen sucht, annehmen, wäre dieser sein Verbündeter und könnte dann das Wissen erhalten.

Da ich persönlich kein besonderes Interesse an diesem Stein habe, verspürte ich, zurück in der Mittleren Welt, auch kein Bedürfnis, ein Stückchen Fliegenpilz zu essen, um Wissen über den Granat zu erhalten.

Ausblick

Auf meinem Weg ist die Lehrzeit des *Sehens* abgeschlossen. Die daraus entstandenen Erfahrungen bringen mir nun neue Möglichkeiten des Reisens. So ist es von jetzt an wichtig, einen veränderten Bewußtseinszustand ohne Zuhilfenahme der Trommel, allein durch die Absicht, herzustellen und so zu den verschiedensten Plätzen zu gelangen. Dies geschieht mittels sichtbarer Energiefäden.

Für mein künftiges Lernen sei nun das *Hören* von großer Bedeutung, sagte mein Lehrer. Dieses Hören hat ebenso wie das Sehen nichts mit den Sinneswahrnehmungen unserer Mittleren Welt zu tun. *Hören* und *Sehen* zusammen ergibt das eigentliche *Wissen des Zauberns*.

Da mein Lehrer mir bereits von einem weiteren geplanten Buch erzählt hat und dieses das *Wissen des Eigentlichen* beinhalten wird, warte ich selbst voller Spannung auf das, was auf mich zukommt...

Katrina Raphaell
WISSENDE KRISTALLE
für unsere spirituelle Entwicklung, zur Heilung
und zur Harmonisierung des Alltags
224 Seiten, mit Tabellen und einem Stichwortverzeichnis, broschiert
ISBN 3-7157-0087-4

Kristalle und Heilsteine, seit Jahrtausenden als Helfer zur Heilung von Krankheiten und als hochgepriesene Meditationsobjekte bekannt, bieten uns heute ihre vielfältigen und lebendigen Kräfte von neuem an. In diesem Buch wird aber erstmals gezeigt, wie Kristalle und ausgewählte Heilsteine zur bewußten Förderung unserer seelischen Entwicklung und unseres geistigen Wachstums eingesetzt werden können, um uns auf unserem persönlichen Weg der Transformation als wertvolle Helfer zu dienen.

Katrina Raphaell, eine große Heilerin und Sensitive, bietet hier eine Fülle bis heute unbekannter Heilmethoden und hochwirksamer Transformationstechniken an, die sie einerseits während ihrer langjährigen therapeutischen und spirituellen Arbeit den Kristallen selbst abgelauscht hat, und andererseits aus dem reichen Wissensschatz der alten Völker und ihrer großen Eingeweihten geschöpft hat. Dabei gibt sie uns mit ihren detaillierten Schilderungen die Möglichkeit, verlorengegangenes Wissen über sie wieder neu zu erschließen.

In einfühlsamen Lernschritten zeigt sie, wie sich mit den Kristallen und anderen Heilsteinen auf eine neue, meditative Art kommunizieren läßt. Dabei offenbaren sie ihre speziellen Bestimmungen und Anlagen, sowie ihre Anwendungsvielfalt für den suchenden Menschen, u. a. als:

Kristalle zur Selbstheilung und zur Heilung anderer / Kristalle, die als Kraftzentren den Menschen Sicherheit und Schutz verleihen / Kristalle als Helfer für die Meditation und zur Verinnerlichung / Kristallgeneratoren und programmierbare Kristalle / Kristalle zur Öffnung und Stärkung der Chakras und Energiebahnen im menschlichen Körper / Steine des Neuen Zeitalters und Kristalle als wissende Lehrer, usw.

Was die Natur über sich und uns zu sagen hat!

Michael J. Roads
MIT DER NATUR REDEN
Bäume, Pflanzen, Tiere, Steine, Wasser und Wind offenbaren das verborgene Wissen der Schöpfung
188 Seiten, mit schönen Illustrationen
ISBN 3-7157-0117-X

Das Buch erzählt die Geschichte eines Mannes, der seine Verbindung zur Natur wiederentdeckt hat und mit der innersten Essenz von Pflanzen und Tieren, ja sogar Steinen und Flüssen auf tatsächlich erfahrbare Weise kommunizieren kann. Anfangs war Michael Roads über seine seltsame, an die Kindheitszeit erinnernde Fähigkeit bestürzt und hinterfragte sie ständig analysierend. Als er seine wunderbaren Erfahrungen nicht mehr vor sich selbst leugnen konnte, ließ er sich von ihnen leiten und heilen.

Die Natur erzählt vom Erwachen der Erde und des Menschen an der Schwelle zur Geburt in ein erweitertes Bewußtsein, in das Wissen um die Einheit allen Lebens. Sie erzählt aber auch von ihrer tiefen Besorgnis über die bestimmende Rolle, die der Mensch für das weitere Schicksal des Planeten spielt. Sie klärt ihn über das wahre Wesen des Menschen auf. Sie lädt alle, die an den Wunden der Entfremdung ihr und sich gegenüber leiden, zu ihrer ewigen Quelle der Kraft, der Gesundheit und des Wissens ein.

Die Botschaft dieses Buches an uns ist: Die Kraft der Natur, die den Autor an Körper, Seele und Geist geheilt hat, ist uns allen zugänglich. Sie wird auch uns mit einer freudigen Versöhnung beschenken. Die Natur muß nicht unser Gegenspieler, sie kann unser Freund sein und uns dazu verhelfen, wieder auf den rechten Weg zu kommen. Die Vögel, Pflanzen, Flüsse und Winde beten für uns. Werden wir auf sie hören, bevor es zu spät ist? Können wir rechtzeitig hinhören lernen?

Spirituelle Lebenshilfe aus dem Reich des Lichts und der Liebe

Sanaya Roman
SICH DEM LEBEN ÖFFNEN
Schritte zu persönlichem Wachstum und geistiger Kraft
Mit praktischen Übungsanleitungen
240 Seiten, broschiert
ISBN 3-7157-0098-X

Sanaya Roman nennt die Quelle ihrer Inspiration «Orin». Es ist ein spiritueller Lehrer aus einer höheren Welt. Er steht mit unzähligen Realitätsebenen und «Welten» in Verbindung, und überall, wo er seine Lehre aus dem Reich des Lichtes und der Liebe verkündet, wird das evolutionäre Wachstum im spirituellen Sinne beschleunigt. Seine an uns gerichteten Worte sind reine Kraft, vermögen das Herz zu öffnen und besitzen in allen bekannten Universen Gültigkeit.

Orin lädt uns ein, mit ihm die Reiche des Lichts und der Liebe zu bereisen, von denen wir selbst – als wunderbare Wesen des Lichts – stammen; nur haben wir uns in den dichteren Energien der Erde verfangen. Es gilt, die irdische Welt zu erleben, uns zu entwickeln, heranzuwachsen und zu lernen, wie wir unser Licht der Seele in der Welt der Materie ausdrücken können. Mit Hilfe der Ideen dieses Buches versucht Orin, uns zu den feinstofflichen Bereichen zurückzugeleiten, die wir von Natur aus anstreben.

Orin hat von Anfang an eindeutig erklärt, daß er hier ist, um die Heiler zu heilen und die Lehrer zu lehren. Er zieht all jene an, die an der Spitze einer neuen Bewegung stehen wollen, die immer mehr Menschen ihrem Höheren Selbst öffnen wird. Jene, die den Pfad des Lichts und der Freude beschreiten wollen, lädt er ein, sich beim Lesen dieses Buches mit seiner Essenz zu verbinden und die Gemeinschaft all derer zu fühlen, die dieses Wissen teilen.

Orins spirituelle Lebensschulung vermittelt dem Leser eine neue und wesentlich erweiterte Sicht seines Lebens und seiner Aufgabe in dieser Welt. Praktische und anregende Übungsanleitungen machen die emotionellen, seelischen und energetischen Blockaden transparent. Sie helfen und ermutigen, diese neue Sichtweise zu entwickeln und praktisch anzuwenden. Sie machen frei und offen für das großartige Geschenk, was wir «Leben» nennen.

*Die «Welt ist mehr» – als was der Mensch
mit seinen fünf Sinnen wahrnimmt*

Sanaya Roman
SICH DEN HÖHEREN ENERGIEN ÖFFNEN
Die unsichtbaren Kräfte des Universums nutzen
Mit praktischen Übungsanleitungen
240 Seiten, Paperback, mit vielen Übungsbogen
ISBN 3-7157-0113-7

Dies ist der bereits von vielen begeisterten Lesern erwartete Anschlußband einer bis jetzt beispiellos neuen, geistigen Lebensschulung von Orin, einem Lehrer aus der höheren Welt. Er steht mit unzähligen Realitäts- und Zeitebenen in Verbindung. Überall, wo er seine Lehre aus dem Reiche des Lichts und der Liebe verkündet, wird das evolutionäre Wachstum im spirituellen Sinne beschleunigt.

Orin vermittelte im ersten Band «Sich dem Leben öffnen» eine neue und wesentlich erweiterte Sicht des Lebens und der Aufgabe auf diesem Planeten. In diesem zweiten Band wendet er sich höheren Lebensbereichen zu. Er lädt die Studierenden ein zur praktischen Erforschung und Nutzbarmachung der Welt der Energien und der energetischen Wahrnehmung. Er eröffnet ihnen eine neue Welt von bisher unbekannten Fähigkeiten und läßt sie erfahren, daß die «Welt» mehr ist, als was der Mensch mit seinen fünf Sinnen wahrnimmt.

Orin lehrt und leitet anschaulich an, wie man feinstoffliche Kräfte erspürt und wie man mit ihnen zum Segen von Mensch und Umwelt arbeitet, wie man seine intuitiven und telepathischen Fähigkeiten erweckt und wie man seine Heilbegabung fördern kann. Hinzu kommen noch unbekannte Übungen für die spirituelle Weiterentwicklung und zur Erlangung eines höheren Bewußtseins.

Orins Buch wird für jeden Suchenden zu einem unentbehrlichen und freundschaftlichen Lebensbegleiter. Es verhilft ihm zu einem Alltag voll Freude, Kreativität und innerer Erfüllung. Er wird sich der hohen geistigen Führung durch Orin immer mehr bewußt und spürt immer mehr, daß er alles schon in sich trägt, um seine eigenen Antworten zu finden.

29.80 h